신지애

16살,
절실한 꿈이
나를 움직인다

절망을 딛고 세계 정상에 오른 작은 거인 신지애 이야기

16살,
절실한 꿈이
나를 움직인다

신지애·박은몽 지음

다산
에듀

머리말

누구에게나 '내 인생의 골프'가 있다

처음 만났을 때 신지애 선수는 혹독한 독감에 걸려 있었다. 나와 인터뷰를 하는 중간에도 계속해서 따뜻한 물을 마시고, 시간에 맞춰 약을 먹어야 했다. 더구나 그때는 2012년 LPGA 투어가 시작되던 초봄, 어느 때보다도 긴장되고 예민할 시기였다.

골프계는 올 시즌 신지애 선수가 우승을 터뜨릴 것인가에 촉각을 곤두세우고 있었고, 언론은 온갖 추측성 기사들을 쏟아냈다. 그러나 정작 신지애 선수는 그 모든 것을 뛰어넘은 듯 초연한 모습이었다. 그녀는 이렇게 말했다.

"사람들은 기적적인 반전이나 성공에만 관심을 갖지만, 제게 그런 반전은 필요 없어요. 저는 제 인생의 모든 이야기를 소중하게 생각하고, 그저 묵묵히 제 길을 갈 뿐입니다. 물론 힘겹고 어려운 일도 있겠지만, 그 또한 과정일 뿐이고 결국은 소중한 경험이 되리라 믿습니다."

LPGA 투어에 정식으로 데뷔하기도 전인 2008년, 브리티시여자오픈에서 우승을 차지한 신지애는 그해 미즈노 클래식, ADT 챔피언십을 휩쓸며 비회원 신분으로 무려 3승이라는 놀라운 성적을 거두었다. 2010년에는 제5의 메이저대회로 불리는 에비앙 마스터스에서 우승을 거두고 한국여자프로골프(KLPGA) 명예의 전당에 이름을 올렸으며, 세계 랭킹 1위의 자리에 오르기도 했다. 하지만 2010년 11월 미즈노 클래식 우승을 마지막으로 2년 가까이 부진에 빠져 있었다. 그럼에도 신지애 선수의 얼굴에서는 초조하거나 불안한 기색이 전혀 보이지 않았다. 어린 나이에도 주변의 시선에 흔들리지 않는 강한 내면을 가진 신지애 선수가 내게는 참 인상적이었다.

두 번째 만났을 때 신지애 선수는 이전보다 훨씬 더 밝은 모습이었다. 활짝 웃는 얼굴은 '미소천사'라는 그녀의 별명과도 꼭 어울렸다. 그런데 그때 손목의 부상은 점점 심해지고 있었다. 3월 초 일본에서 열린 다이킨 오키드 레이디스오픈에서는 통증 탓에 1라운드 경기에 나선 지 2시간 만에 기권해야 했다.

"귀국해서 정밀검사를 받았는데 왼쪽 손목 부위에 작은 뼛조각이 떨어져나간 것을 발견했어요. 뼛조각이 돌아다니면서 통증 부위도 넓어지고 있죠."

통증이 점점 더 심해지고 있었지만, 수술을 할 경우 2개월 이상 휴식을 취해야 했기 때문에 진통제를 맞으며 고군분투하고 있었다. 최악의 상황에서도 여전히 활짝 웃는 그녀는 미소천사보다 차라리 여전사에 가까웠다. 무엇이 그녀를 버티게 했을까? 나는 그 엄청난 정신력의 근원이 궁금해졌다. 내 질문에 신지애 선수는 이렇게 답했다.

"우승의 기쁨과 희열을 잘 알고 있기에, 우승을 바라는 마음은 어느 누구보다도 간절해요. 하지만 이제 우승을 위해 샷을 하지는 않아요. 저는 이기기 위해서가 아니라 골프를 사랑하기 위해 필드에 서는 거예요. 그래서 티샷을 하는 긴장된 순간만으로도 너무 행복해요."

두 번째 만남 이후, 신지애 선수는 결국 수술을 받고 한 달 남짓을 쉬었다. 경기가 한창 진행 중인 상황에서 수술을 받는다는 것은 다른 선수들에 비해 몇 걸음이나 뒤처지는 것을 의미한다. 분명 엄청난 부담이었을 것이다. 하지만 그녀는 담담히 이렇게 말했다.

"우승은 앞으로 하면 되는 거예요. 안 된다는 생각은 한순간도 해보지 않았어요. 절망이 깊을수록 희망은 더 빛난다고 생각합니다. 오래 기다린 만큼 앞으로 나만의 골프를 만들어갈 거예요."

그리고 9월, 신지애 선수는 미국 버지니아주 킹스밀 리조트의 리버 코스에서 열린 킹스밀 챔피언십에서 무려 아홉 번의 연장전을 치른 끝에 우승을 차지했다. 또 연이어 2012 LPGA투어 시즌 마지막 메이저대회인 브리티시오픈에서 다시 한 번 우승을 차지했다. 그것은 오랜 부상과 부진 속에서도 자신에게 주어진 시간들을 묵묵히 견뎌낸 사람만이 얻을 수 있는 값진 승리였다. 신지애 선수는 어린 나이에 세계 정상에 섰다. 성공의 크기만큼이나 그녀가 짊어져야 할 삶의 무게도 무거웠을 것이다. 하지만 신지애 선수는 "골프가 있었기에 외롭지 않았다"고 말한다.

　힘든 고비마다 신지애 선수의 곁에서 힘이 되어준 골프. 우리들의 삶에도 '나만의 골프'는 반드시 필요하다. 누군가는 그것을 '꿈'이라 부르고, 다른 누군가는 '목표'라 부를 것이다.

　신지애 선수가 수많은 시련을 겪으면서도 꿈을 잃지 않고 세계 정상에 섰듯이, 이 책을 읽는 여러분들도 '내 인생의 골프'를 발견하고 꿈꾸게 되기를 바란다. 비록 꿈을 향해 달려가는 길이 멀고 험난하다 해도, 그 길의 끝에 희망이 기다리고 있다는 사실을 잊지 않기를……

2012년 가을

박은몽

차례

4   **머리말** 누구에게나 '내 인생의 골프'가 있다

12   **프롤로그** 다시 출발선에 서다

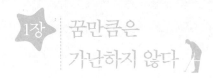

1장 꿈만큼은
가난하지 않다

23   골프와의 첫 만남

28   내 안의 빛나는 보석을 발견하다

34   내 꿈을 펼쳐갈 곳은 바로 그린이야

2장 뜨거워지기 전까지
모든 꿈은 가짜다

43   꿈을 향해 첫 발을 내딛다

47   가난도 이겨내는 강한 정신력으로

54 그때는 절박하게 꿈꾸는 법을 몰랐어

60 내 인생을 바꿔놓은 운명의 날

66 반드시 성공해야 하는 이유

3장 발톱을 세워라,
내 앞에 꿈이 있다

75 골프에 내 모든 것을 걸겠어!

79 변하지 않으면 살아남을 수 없어

83 나를 가로막은 벽을 넘어서다

88 하나의 벽을 넘으면 새로운 기회가 열린다

94 단 하나의 목표에 집중하라

4장 흔들리지 마,
중심은 내가 잡는 거야

103 나는 프로다, 나는 가장이다

109 짜릿한 우승의 맛

117   더 큰 미래를 위한 준비

122   기다려라, 내가 꿈꾸는 세계무대!

129   흔들리지 마, 포커페이스 멘탈로 승부한다

5장 정상은 차지하는 것보다
지키는 것이 더 어렵다!

141   모든 준비가 완벽하다고 생각했지만

147   실패는 두렵지 않아, 나를 믿으니까

153   드디어 세계무대의 정상에 서다

161   아픈 만큼 성장하는 거야

170   다시 한 번 우승의 맛을 느껴보고 싶어!

6장 행복을 위해
다시 꿈꾸다

181   나만의 강점에 집중하라

186   나는 무엇을 위해 꿈꾸는가

191   큰 산을 넘고 다시 시작하다

196   **에필로그** 골프가 있어서 외롭지 않았어

203   **부록** 알고 나면 더 매력적인 골프의 모든 것

다시 출발선에 서다

공항에 들어서자 기자들이 우르르 몰려들었다. 여기저기서 카메라 플래시가 연신 터졌다. 그들은 호기심과 기대에 찬 눈으로 한 사람을 뚫어져라 쳐다보고 있었다. 그들이 보고 있는 사람은 바로 나였다.

"신지애 씨, 동계 훈련은 잘 끝났나요? 이번 훈련이 성과가 있었다고 보십니까?"

"올 시즌은 어떻게 전망하십니까? 우승할 자신이 있습니까?"

"헤어스타일을 바꿨는데 무슨 이유라도 있습니까?"

대답할 여유조차 주지 않으려는 듯 질문들이 쉴 새 없이 이어졌다. 나는 담담하게 자리에 앉아 기자들의 질문에 하나씩 대답하기 시작했다.

동계 훈련은 성공적으로 끝났다. 체력의 한계를 넘어서는 고된 훈련…… 그야말로 지옥훈련이었다. 하지만 내 몸과 마음은 강도 높은 훈련을 모두 이겨냈다. 지난해 애를 먹였던 스윙도 전성기 때의 감각을 되찾아가고 있었다. 라식수술에 맹장수술, 허리부상까지 이어진 작년과 달리 몸 상태도 좋았다. 쇼트커트에 금발로 염색한 파격적인 헤어스타일도 마음에 들었다. 땅만 보고 천천히 걷던 위축된 걸음걸이도 많이 바뀌었다. 이젠 고개를 들고 더 빠르게 걷는다. 나는 분명 강해졌다.

"동계 훈련은 성공적으로 끝났다고 봅니다. 충분한 훈련량을 확보했고 스윙에서도 예전의 감각을 되찾았습니다. 올해는 스윙 코치 없이 혼자 가기로 했습니다. 처음 골프를 시작할 때도 전문적인 스승이 있었던 것은 아닙니다. 이론에 얽매이기보다는 전적으로 내 몸과 감각에 맞는 스윙을 추구하기로 했습니다."

기자들의 질문에 모두 답한 후 한마디를 덧붙였다.

"지난 2011년은 힘들었던 만큼 골프도 인생도 제일 많이 배운 한 해였습니다. 많은 생각을 했죠. 그 일 년 동안 내가 얼마나 큰 산을 넘어왔는지는 올 시즌 경기를 보면 알 수 있을 겁니다. 독주하고 있는 청야니 같은 선수가 있지만 그 산 또한 실력으로 당당히 넘어갈 겁니다!"

나는 한 마디 한 마디에 자신감을 담아 힘주어 말했다. 모두에게 그리고 나 자신에게 당당하고 싶었다. 내 몸과 마음에는 어느 때보다도 강한 에너지가 넘쳐흘렀다.

내 모습을 지켜본 주변 사람들도 모두 한마디씩 하곤 했다. 신지애가 달라졌다고, 자신감 있어 보이고 생기가 있어 보인다고.

그렇다. 나는 일생일대의 도전을 앞두고 있었다. 2012년은 그동안의 부진을 털어내고 다시 출발하는 한 해가 될 것이다. 세계무대에 데뷔하자마자 각종 우승을 휩쓸고 신인상과 상금왕까지 거머쥐었던 골프 여제 신지애가 다시 날아오르는 해 말이다.

그런데 이상하게도 마음 한구석은 여전히 불편했다. 이유는 알 수 없었지만 마치 풀어야 할 과제를 앞에 둔 사람처럼 가슴이 답답했다. 그때 기자가 마지막 질문을 던졌다.

"신지애 씨, 골프는 언제까지 하고 싶습니까?"

나는 이렇게 대답했다.

"앞으로 십 년! 십 년 동안만 골프를 할 거예요. 평생 골프를 하면서 살 생각은 없어요. 그 이후에는 다른 인생을 경험해보고 싶어요."

나는 스스로 십 년이라는 선을 그었다. 물론 스포츠라는 분야의 특성상 수십 년 동안 현역 선수생활을 유지하기 어려운 것도 사실이었지만 꼭 그것 때문만은 아니었다. 딱 십 년만 골프를 하고 싶은 마음, 그건 내 진심이었다.

기자회견을 마치고 비행기에 오를 때까지 나는 내내 그 생각에 잠겨 있었다. 부정적인 기운이 스며들지 않도록 애써 마음을 다잡아보았지만 무의식 속에 잠겨 있던 또 다른 나는 여전히 이렇게 되묻고 있었다.

'언제까지 이렇게 살아야 하는 거지? 단 한순간의 여유도 없이, 도대체 무엇을 위해 이렇게 치열하게 살아야 하는 거야?'

미세한 심리적 동요에도 승패가 크게 좌우되는 냉정한 필드에서 나는 과연 90퍼센트의 확신만을 가지고 싸울 수 있을까? 이제 그 답을 찾아야 했다.

마음을 어지럽히는 생각들을 정리하지 못한 채 비행기에 올랐다. 그곳에서 나는 우연히 유명 야구선수 출신이자 프로야구 해설가로 맹활약하고 있는 허구연 씨를 만났다.

"어, 야구 해설가 아니세요?"

"아니, 신지애 선수 아니신가?"

그는 바로 내 옆자리에 앉아 스포츠 신문을 읽고 있었다. 비록 야구와 골프라는 서로 다른 분야에 몸담고 있었지만 우리 두 사람에게는 스포츠라는 진한 공통분모가 있었기에 분위기는 금세 화기애애하게 무르익었고, 짧은 시간이지만 속 깊은 이야기들을 나눌 수 있었다.

"요즘 야구계가 시끄러워서 걱정이야. 스포츠 정신이란 숭고한 것인데 일부 몰지각한 사람들이 자기 이익에만 눈이 어두워 야구계 전체의 물을 흐려놓고 있어. 그들도 처음 야구를 시작했을 때는 그런 마음이 아니었을 텐데, 무엇이 우리를 이토록 변하게 만드는 것인지 참 안타까워."

그는 끊임없이 야구와 스포츠에 대해 이야기했다. 그중에는 심각한 이야기도 유쾌한 소식도 있었지만, 분명한 것은 그의 머릿속에 야구와 스포츠 이외에 아무것도 없으리라는 점이었다.

나는 내내 눈을 반짝이며 야구에 대해 이야기하는 그를 물끄러미 바라보았다. 그는 나보다 훨씬 나이가 많았지만, 마치 처음 야구에 발을 들여놓은 소년처럼 호기심과 열정으로 가득 차 있었다. 그 모습을 보며 나 역시 그의 이야기에 점점 빠져들고 있었다.

'이 분은 진심으로 야구를 사랑하는구나! 마치 태어날 때부터 야구를 하도록 정해져 있는 사람 같아. 천생 야구인이야!'

순수한 열정을 가진 사람을 바라보는 것은 유쾌하고 뿌듯한 일이다. 나는 기분이 좋아졌다. 그런데 바로 다음 순간 그가 예상치 못한 질문을 던졌다.

"신 프로는 왜 골프를 하나?"

"네?"

갑작스런 질문에 나는 적잖이 당황했다.

"만약, 돈을 벌기 위해서 골프를 하는 거라면 결코 일류가 될 수 없을 거야. 대한민국에서 돈을 가장 많이 버는 사람들은 이미 정해져 있거든. 골프를 해서는 절대 그들을 이기거나 따라잡을 수 없으니까. 그렇다면 신 프로는 왜 골프를 하지?"

그 질문이 내 가슴속 깊은 곳까지 파고들었다. 나는 자신에게 묻고 있었다.

'이 분은 이토록 야구를 사랑하는데…… 그럼 나는? 골프선수 신지애는 왜 골프를 하고 있지? 무엇을 위해 경기에 나가는 거지?'

너무나 단순한 질문인데 자신 있게 대답할 수가 없었다. 충격으로 머리가 멍해지는 기분이었다. 하지만 답을 해야 했다. 다른 누군가에게 들려주기 위해서가 아니라 바로 나 자신을 위해서…….

'나는 무엇을 위해 골프를 하는 걸까? 큰돈을 벌어 출세하기 위해서? 아니면 아버지에게 자랑스러운 딸이 되기 위해서? 유명한 스타가 되기 위해서?'

나는 알아야 했다, 내가 왜 골프를 하고 있는지. 그래야 100퍼센트의 자신감을 되찾을 수 있을 것 같았다.

문득 자신의 키보다 더 큰 골프 클럽(golf club)을 손에 꼭 쥔 채 행복한 미소를 짓던 한 소녀의 얼굴이 떠올랐다.

"아빠, 골프를 하고 있으면 기분이 좋아져요! 내가 날린 샷이 높이 날아가는 모습을 보면 마치 새가 된 것 같은 기분이 들어요."

소녀는 환한 얼굴로 아빠를 향해 그렇게 말하고 있었다. 그토록 골프를 사랑했던 그 어린 소녀는 어디로 가버렸을까. 나는 눈을 감고 조용히 내 마음속 어딘가에 잠들어 있을 그 소녀를 찾아보기로 했다. 그리고 설레는 마음으로 골프를 처음 마주하던 그날의 기억을 떠올렸다.

"클럽의 헤드가 볼에 닿는 바로 그 순간,
자유로우면서도 편안하고 내 안의 가장 나다운 무엇인가가
꿈틀대는 것 같은 짜릿한 행복감이 느껴졌다.
그 느낌이 아직도 생생하다.
그것이 나와 골프의 첫 만남이었다."

1장

꿈만큼은
가난하지 않다

골프와의
첫 만남

내가 처음 골프를 알게 된 것은 초등학교 4학년 무렵이었다. 평소 스포츠에 관심이 많았던 아빠는 종종 자식들 중 하나를 운동선수로 키우고 싶다고 말하곤 했다. 하지만 그때까지만 해도 그 말을 진지하게 생각하지는 않았다. 나는 너무 어렸고, 아빠 역시 아직 구체적인 계획을 가지고 있지 않았기 때문이다.

그러던 어느 날 텔레비전으로 골프 경기를 보고 있던 아빠가 갑자기 나를 불렀다.

"지애야, 저 사람 좀 봐라. 박세리라는 선수란다!"

아빠는 잔뜩 흥분해서 나를 텔레비전 앞에 앉혔다. 모자를 푹 눌러쓴 선수의 얼굴이 화면 가득 잡혔다.

"저것 좀 보렴. 우리 선수가 전 세계의 내로라하는 선수들과 어깨를 나란히 하고 당당히 경쟁하고 있지 않니!"

나는 조용히 텔레비전을 들여다보았다. 경기는 연장전에 접어들고 있었다. 팽팽한 긴장감이 흐르는 가운데 박세리 선수가 스윙을 했다.

"어이쿠, 해저드에 빠져버렸네."

"해저드가 뭐예요?"

"웅덩이 같은 거야. 저기에 볼이 빠지면 빠져나오기가 무척 힘들 단다. 이대로 박세리 선수가 질 수도 있겠는걸."

부드러운 그린 위에서도 잘 치기 어려울 텐데 웅덩이에 빠진 공을 어떻게 원하는 방향으로 날릴 수 있단 말인가. 박세리 선수가 우승을 놓칠 듯 보이는 순간이었다. 그때 박세리 선수가 자신의 볼 근처로 다가가더니 신발을 벗었다. 그러더니 맨발로 차가운 물속을 걸어 들어가는 것이 아닌가.

"박세리가 저 볼을 쳐서 건져낼 수 있을까……."

그 모습을 보는 나조차도 긴장이 되었다. 나는 박세리 선수의 모습을 보며 마음속으로 응원을 했다.

'하나님, 박세리 선수가 이길 수 있게 도와주세요.'

휙!

공이 바람소리를 일으키며 눈 깜짝할 사이에 높이 솟아올랐다.

"쳤다! 제대로 맞았어."

"와아!"

경기장에 있는 갤러리들의 함성이 텔레비전을 넘어 내 귀까지 들렸다. 아빠는 다리를 탁 하고 내리치며 기뻐했다. 수세에 몰려 있던 박세리 선수는 단 한 번의 샷으로 감각을 되찾았고 마침내 우승컵을 손에 쥐었다. 갤러리들의 우레와 같은 환호 속에 우승컵에 입을 맞추는 박세리 선수의 모습이 보였다. 아빠가 나를 돌아보며 말했다.

"지애야, 저것 봐라! 정말 멋지지 않니? 저런 게 진짜 승부야. 아마 다른 선수들이었다면 볼이 해저드에 빠진 순간 마음속으로 포기를 했을 거다. 하지만 박세리 선수는 끝까지 포기하지 않고 이겨냈어. 정말 타고난 승부사야!"

무려 92홀까지 연장전을 치룬 끝에 얻어낸 1승이었다. 자신감으로 가득 차 반짝이는 박세리 선수의 모습은 아직 어린 나의 가슴속에 마치 사진처럼 선명하게 새겨졌다.

그러던 어느 날 아빠의 친구가 운영하는 골프연습장에 따라갈 기회가 생겼다. 나는 아빠 곁에 앉아서 스윙하는 모습을 구경하고 있었다. 휙휙, 클럽이 공기를 가르는 소리가 경쾌했다. 그 소리를 듣고 있자니 기분이 조금 들뜨는 것 같기도 했다. 왠지 가만히 앉아 구경만 하고 있어서는 안 될 것 같았다. 나는 자리에서 일어나 아빠에게 다가갔다.

"아빠!"

아빠가 나를 돌아보았다. 나는 잠시 머뭇거리다가 용기를 내어 말했다.

"저도 그거 좀 해보면 안 돼요?

아빠는 조금 놀란 듯한 표정으로 물었다.

"골프 말이냐? 네가?"

"네, 해보고 싶어요."

아빠는 내 손에 골프 클럽을 쥐여주고 등 뒤로 가서 내 손을 잡았다.

"이렇게 하는 거란다. 손을 오므리고…… 그렇지. 자, 이제 한번 해봐라."

나는 아빠가 가르쳐준 대로 포즈를 잡고 볼을 내려다보았다. 볼이 나를 향해 웃고 있는 것 같았다. 나는 제법 잘한 것 같았다. 아빠가 웃으며 말했다.

"잘했다. 한 번 더 해봐라! 자, 손에 힘을 빼고…… 저기로 날리는 거야."

나는 아빠가 가리키는 곳을 바라보았다. 그런 다음 클럽을 잡고 허리와 다리를 유연하게 움직여 볼을 맞추었다. 그러고는 힘껏 스윙을 했다.

휙!

"좋아, 한 번 더 해봐라!"

휘익!

"날았다! 잘했어!"

아빠가 눈을 빛내며 기뻐했다.

클럽의 헤드가 볼에 맞는 순간, 온몸이 짜릿해졌다. 볼이 허공을 가르며 높이 솟아 저 멀리 날아가는 것이 보였다. 마치 내가 그 볼처럼 하늘로 날아오르는 것 같았다. 자유로우면서도 편안한 느낌, 내 안에서 무언가가 꿈틀대는 것 같은 짜릿한 행복감을 느꼈다. 그것이 나와 골프의 첫 만남이었다.

내 안의
빛나는 보석을 발견하다

나를 운동선수로 키우고 싶었던 아빠는 나의 여린 성격을 늘 못마
땅해 했다.

"이렇게 물러 터져서야 어떻게 운동선수로 성공할 수 있겠니."

아빠의 말은 사실이었다. 나는 매사에 소극적이고 자신감이 부족
했다. 공부를 잘하는 것도 아니었고, 그렇다고 특별히 좋아하는 일이
있는 것도 아니었다. 내가 잘하는 것이라고는 동생들을 보살피고 어
른들을 도와드리는 일 정도였다.

"우리 지애가 너무 착해서 그래요."

엄마는 이런 말로 나를 두둔했지만 나 역시 겁 많고 여리기만 한
내 성격이 답답하기만 했다.

대여섯 살 무렵 부모님과 함께 외출을 했다가 그만 길을 잃은 적이
있었다. 처음엔 곧 길을 찾을 수 있을 거라 생각하고 이 골목 저 골목
을 돌아다녔는데, 어느 순간 덜컥 겁이 나기 시작했다. 다시는 부모
님을 볼 수 없을 것 같은 두려움에 다리가 후들후들 떨리고 눈물이
흘렀다.

'어떻게 하지? 어디로 가야 하지?'

가끔 어른들이 나를 스쳐 지나갔지만 모르는 사람을 붙잡고 길을 물어볼 용기가 나지 않았다. "서문교회가 어느 쪽인가요?"라고 단 한 마디만 하면 되는데 말이다. 골목길에 홀로 덩그러니 서 있는데 마침 어느 집 대문이 열려 있었고, 주인인 듯한 아주머니가 보였다. 나는 한참을 망설이다가 다가가 힘겹게 입을 열었다.

"기, 길을 잃어버렸는데요, 저기…… 서문교회가 어느 쪽…… 이에요?"

"뭐라고?"

"그러니까…… 저희 아빠가 서문교회 목사님인데요, 저를 그곳까지 좀 데려다주실 수 없나요?"

친절한 아주머니 덕분에 나는 부모님의 품으로 무사히 돌아올 수 있었다. 길을 물어볼 용기가 나지 않아 망설일 만큼 소심한 아이가 바로 나, 어린 시절의 신지애였다. 그런 우유부단한 성격이 내게는 마치 눈앞을 가로막고 있는 높은 벽처럼 느껴졌다. 어쩌면 나는 답답한 현실로부터 나를 벗어나게 해줄 그 무언가를 기다리고 있었는지도 모른다.

골프연습장에 다녀온 지 얼마 지나지 않아 아빠는 갑자기 외출 준비를 하더니 나를 불렀다.

"지애야, 아빠랑 골프장에 한번 나가보자!"

마치 중요한 일을 앞둔 사람처럼 비장한 목소리였다. 아빠를 따라 골프장에 들어서자 낯선 얼굴이 눈에 들어왔다. 골프연습장을 운영하는 아빠의 친구가 나를 가리키며 그 사람에게 말했다.

"하 프로, 저 아이 말이야, 내 절친한 친구인 신 목사네 맏딸이야. 자네가 며칠간만 훈련을 좀 시켜봐줄 수 없겠나?"

하경종 프로가 나를 보더니 아빠에게 물었다.

"골프를 시킬 건가요?"

아빠는 고개를 끄덕이면서 대답했다.

"일단 재능이 있는지부터 알아봐야지요."

"좋습니다. 제가 한번 보지요."

하 프로가 손짓으로 나를 불렀다. 나는 난생 처음 보는 프로골퍼 앞에 얌전히 섰다. 그는 어리둥절한 표정으로 눈만 멀뚱거리는 나를 보고 빙긋 웃었다.

그렇게 나는 하경종 프로의 지도를 받으며 며칠을 보냈다. 며칠이 지나고 하 프로가 아빠를 불렀다. 아빠는 긴장된 표정으로 하 프로와 마주앉았다. 그는 조금 들뜬 얼굴로 말을 꺼냈다.

"신 목사님, 지애 말입니다……"

"……."

아빠는 숨을 죽였다.

"소질이 보입니다. 힘도 좋고 감각도 있어요. 하나를 가르치면 머리로만 이해하는 것이 아니라 몸으로 먼저 배워요. 이런 재능을 그냥 묻어두기에는 너무 아깝네요. 정말 한번 시켜보시겠습니까?"

그토록 고대하던 말을 듣게 되자 아빠는 눈을 번쩍 뜨며 무릎을 탁 쳤다.

"정말입니까?"

"예, 제가 테스트해본 소견은 그렇습니다. 한 가지만은 분명히 말씀드릴 수 있어요. 이제껏 많은 학생들을 가르쳐봤지만 지애만큼 뛰어난 골프 감각을 보여준 아이는 없었습니다!"

아빠는 주먹을 불끈 쥐면서 자리에서 일어섰다. 그 순간 아빠는 무슨 생각을 했을까? 나와 같은 마음이었을까? 기쁘면서도 두려운 그런 마음말이다.

돌아오는 길에 아빠가 물었다.

"지애야, 아빠는 네가 골프선수가 되었으면 한다. 하 프로도 네가 골프에 재능이 있다고 하지 않니. 아빠가 생각하기에도 그렇다. 어때, 해볼래?"

"골프선수가 되라고요?"

"그래!"

"하지만……."

나는 잠시 머뭇거렸다. 과연 내가 잘할 수 있을지, 아직까진 확신이 없었다. 또 우리 집안 형편에 골프를 제대로 배울 수는 있을지 걱정스럽기도 했다. 내가 머뭇거리자 아빠가 다시 물었다.

"지애야, 너는 골프가 싫으니?"

"아뇨!"

"그렇다면 일단 한번 해보는 거야. 재능이라는 달란트는 자기만의 것이 아니란다. 그건 하나님이 주시는 선물이거든. 달란트를 받은 사람은 그것을 계발하기 위해 노력해야 할 책임이 있어."

"달란트요?"

나는 알쏭달쏭한 표정으로 아빠를 쳐다보았다. 아빠는 마치 자기 자신이 새로운 일을 시작하기라도 하는 것처럼 들떠 있었다. 이미 마음을 굳힌 듯했다. 아빠가 다시 물었다.

"어떠냐? 해보겠니?"

나는 더 이상 망설이지 않고 대답했다.

"네, 해볼게요!"

"됐다!"

비록 나는 겁 많고 내성적인 특별할 것 없는 아이였지만, 게다가 체계적인 골프 교육은 꿈도 꿀 수 없을 만큼 가난한 집안의 딸이었지만, 어느새 꿈이 내게 말을 걸어오고 있었다. 그때 나는 이미 알고 있었는지도 모른다. 매사에 자신감이라고는 없었던 내가 골프 클럽을 잡고 있는 순간만큼은 보석처럼 반짝반짝 빛난다는 사실을. 나는 그 빛을 잃고 싶지 않았다.

내 꿈을 펼쳐갈 곳은
바로 그린이야

골프라는 목표를 정했지만 눈앞의 현실은 여전히 막막하기만 했다. 당장 골프를 배울 형편조차 되지 않았다. 하지만 나와 아빠의 간절한 바람이 통했는지, 어느 날 골프연습장 사장인 아빠의 친구가 전화를 걸어왔다.

"제섭아, 돈 100만 원만 만들어서 나와봐라."

"왜?"

"일단 가지고 와. 나한테 생각이 있어서 그래."

"그래, 알았다."

아빠는 더 이상 묻지 않았다. 구체적인 계획은 알 수 없었지만 자신을 도우려는 친구의 마음을 믿었기 때문이다. 아빠는 돈을 마련할 방법을 고민하다가 결국 엄마에게 털어놓았다.

"우리 지애 말이야, 골프를 시켜야겠어."

엄마는 말없이 아빠를 쳐다보았다. 반대해봤자 이미 소용없는 일이라는 걸 엄마도 잘 알고 있었다. 엄마는 언제나 뒤에서 조용히 가정을 돌보고 어려운 이웃들을 찾아다니며 봉사하는 속 깊은 사람이었다.

"자식들에게 물려줄 재산이 없으니 제 힘으로 먹고살 수 있도록 뭔가 가르쳐야 하지 않겠어? 골프라도 가르쳐놓으면 저 혼자 먹고살 길을 찾지 않겠는가. 그러니 500만 원만 줘요."

따로 모아둔 돈이 있는 것도 아니고, 월 80만 원에 불과한 목사 사례비가 수입의 전부인 빠듯한 살림살이에 그런 큰돈이 어디 있다는 말인가. 그러나 얼마 후 엄마는 500만 원을 마련해서 아빠 앞에 조용히 내놓았다.

"우리 지애는 잘 해낼 거예요."

평소 감정 표현에 서툰 아빠는 고맙다는 말조차 제대로 하지 못했다. 그러나 고생만 시킨 아내 앞에서 마음속 깊이 고마움과 미안함을 느꼈으리라. 아빠는 비장한 얼굴로 그 돈을 받아들었다. 그러고는 내 손을 잡고 골프연습장으로 달려갔다.

아빠가 100만 원을 내놓자 친구는 하경종 프로를 사무실로 불러들였다. 하 프로는 아빠와 나를 번갈아 쳐다보더니 진지한 표정으로 의자에 앉았다. 잠시 침묵이 흘렀다. 모두가 말없이 테이블 위에 놓인 100만 원만 뚫어져라 쳐다보았다.

먼저 입을 연 것은 아빠의 친구였다.

"하 프로!"

"……."

"자네도 신 목사네 형편 어려운 거 알지?"

"……."

"그래! 이 돈, 하 프로에게 어림도 없는 액수인 거 잘 알아. 그렇지만 지애가 재능이 있는데 돈 때문에 어린 싹을 죽여서야 되겠는가. 그러니까 일단 이것만 받고 지애 한번 키워봐. 또 모르잖아. 보람 있을지!"

하 프로가 나를 쳐다보았다. 나는 잘못한 일이라도 있는 사람처럼 슬그머니 고개를 돌렸다. 잠시 후 하 프로는 테이블 위에 놓여 있던 100만 원을 집어 들더니 말했다.

"좋습니다! 이 돈, 금액으로 따지지 않겠습니다. 지애 한번 가르쳐 보겠습니다."

아빠가 하 프로의 손을 덥석 잡았다.

"고맙소!"

그렇게 어렵게 마련한 100만 원으로 나는 골프를 시작할 수 있었다. 엄마가 마련해준 돈을 다 쓰고 나면 그다음은 어떻게 해야 할지 막막한 상황이었지만, 난 말없이 내게 주어진 길을 걸어가기로 했다.

"지애야, 상대 선수는 네가 이겨야 하는 라이벌이다. 승부의 세계가 냉정하다는 사실을 명심해라. 누군가는 이기고 누군가는 지는 것, 그게 승부다. 잘할 수 있지?"

첫 대회 출전을 앞두고 아빠가 말했다. 골프를 시작한 지 3개월, 아직 풋내기였던 나는 난생 처음 전남지역 초등부 대회에 나가게 되었다.

"네 마음껏 쳐봐라. 결과가 좋지 않아도 괜찮아. 경험을 쌓아나가는 과정이라고 생각하자!"

나는 비용 문제 때문에 그동안 제대로 된 필드에서 한 번도 골프를 쳐본 적이 없었다. 난생 처음 보는 광활한 필드가 내 마음을 설레게 했다.

성적에 대한 부담이 없어서였을까? 경험 삼아 가벼운 마음으로 나간 대회였는데 생각보다 좋은 플레이를 할 수 있었다. 다음 홀로 넘어갈수록 사람들의 환호가 점점 더 커졌다.

"처음 출전한 선수라는데 선두야."

"지난해까지 우승만 하던 선수보다 여섯 타나 앞섰다지 뭐야."

비록 소규모의 지역대회였지만 골프 클럽을 잡은 지 불과 3개월 만에 선두를 달리고 있다니! 나도 모르게 손에 힘이 들어가고 승부욕이 끓어오르기 시작했다.

'이게 진짜 승부의 세계야!'

박세리 선수의 경기를 보면서 아빠가 했던 말이 떠올랐다. 각자 자신의 플레이에 최선을 다하며 자웅을 겨루는 필드. 이길 수도 있고 질 수도 있지만, 지금 결과는 중요하지 않았다. 모든 것을 쏟아 나를 불태우는 그 순간에 나는 큰 감동을 느꼈다.

'이게 바로 골프구나. 너무 짜릿해!'

이전까지의 신지애는 '네 꿈이 무엇이냐'는 질문에 대답조차 할 수 없는 평범한 여자아이였다. 아니, 어쩌면 평범함에 조금 못 미쳤을지도 모른다. 스스로에 대한 확신도 없었고, 내가 할 수 있는 일은 어디에도 없을 거라고 생각했다. 그런 내가 골프를 만나면서 조금씩 달라지고 있었다. 자신감도 붙기 시작했다. 드디어 내가 잘할 수 있는 일을 발견한 것이다. 나는 더 이상 나약한 울보가 아니었다.

필드에 서서 높이 솟아오르는 볼을 바라보고 있자니 문득 하늘을 향해 이렇게 외치고 싶어졌다.

'내 꿈은 골프선수가 되는 거야. 세상에서 제일 훌륭한 골프선수가 되는 거라고!'

"무언가 목표가 생겼다는 사실이 나에게는 설레는 일이었다.
남들과 다른 나만의 목표가 생겼다는 것이 자랑스러웠다.
그것은 내가 다른 아이들과 다른 특별한 존재가 되었다는 것을 의미했다."

2장

뜨거워지기 전까지
모든 꿈은 가짜다

골프를 시작한 후 처음 몇 달 동안은 말 그대로 지옥 같은 훈련이 이어졌다. 나는 매일 학교를 마치고 아빠와 함께 서너 시간을 달려 골프연습장이 있는 광주까지 갔다. 우리는 연습을 시작하기 전에 항상 기초체력 훈련을 먼저 했다.

"저 빌딩 보이지? 20층이야. 거기까지 올라갔다 내려오는 것으로 기초체력부터 다지는 거야. 알았지?"

아무리 운동신경이 우수하다고 해도 20층을 오르내리는 것은 결코 쉬운 일이 아니었다. 서너 층만 올라가도 다리가 땅땅하게 부어오르고 종아리가 아팠다. 하지만 골프에서 가장 중요한 하체의 힘을 기르기 위해서는 그런 강도 높은 훈련도 견뎌내야 했다. 가끔은 20층까지 오르지 않고 꾀를 부릴 법도 했지만 나는 단 한 번도 그렇게 하지 않았다. 정확히 20층까지 올라가 발 도장을 찍은 후에야 내려왔다.

"다음은 인근 중학교 운동장을 10바퀴 뛸 거다."

"네."

계단을 뛰어서 오르내린 직후라 두 다리가 끊어질 듯 아팠지만 나는 묵묵히 10바퀴를 모두 돌았다. 그 뒤에는 곧 땅 파기 훈련이 이어졌다. 하경종 프로의 조언에 따른 것이었다.

"골프에서는 정확한 스윙이 무엇보다 중요합니다. 아이언을 가지고 땅 파기를 해보세요."

하 프로의 말대로 아빠는 골프연습장에 가기 전 운동장에서 아이언을 가지고 땅 파기 훈련을 시켰다.

"자, 지애야 여기 10미터 선을 그었다. 그 선 앞 3센티미터 부분을 아이언으로 스윙을 하면서 파봐라. 정확하게 해야 해. 알았지?"

나는 아이언을 휘두르며 열심히 땅을 팠다. 연속적으로 스윙을 해나가면 10미터를 다 채울 때까지 약 백 번 가량의 스윙을 할 수 있었다. 그냥 마구잡이로 휘두르는 게 아니라 위치를 정확히 봐가면서 해야 하기 때문에 자연스럽게 스윙의 정확성도 높아졌다. 그렇게 기초체력 훈련을 마친 다음에야 골프연습장에 가서 그날의 연습을 했고, 그 과정을 모두 마치고 집에 돌아오면 늘 밤 열한 시가 훌쩍 넘어 있었다. 하지만 연습은 거기서 끝나지 않았다. 나는 자정이 다 된 시간에 유연성 운동과 퍼팅 연습까지 한 후 새벽 한 시가 넘어서야 비로소 잠자리에 들 수 있었다.

아침에는 눈을 뜨자마자 집 앞 나무에 매달아둔 타이어에 야구 배트로 한 차례씩 스윙 연습을 했다. 이동하는 차 안에서도 아령을 들고 팔과 팔목의 힘을 기르는 훈련을 계속했다. 앉으나 서나 훈련, 훈런, 훈련뿐이었다.

　초등학생이었던 내게는 이 모든 과정이 정말 힘들었다. 하지만 천성적으로 묵묵히 잘 참는 성격이 고된 훈련을 견디는 데 큰 힘이 되었다.

　나는 쉬고 싶다는 말조차 하지 않았다. 그저 아빠가 시키는 대로 훈련이 다 끝날 때까지 부지런히 움직였다. 불평이나 게으름 같은 것은 상상도 할 수 없었다.

　요즘도 가끔 그때의 기억을 떠올리곤 한다. 나는 어떻게 그 모진 훈련을 견뎌냈을까? 무던한 성격과 엄한 아빠의 채찍질도 한몫 했겠지만 더 큰 에너지는 바로 목표 그 자체였던 것 같다. 골프선수라는 꿈이 나에게는 무엇보다도 큰 힘이 되었다. 아직 뚜렷한 미래의 계획이 없었던 친구들과 달리 나에게는 분명한 목표가 생긴 것이다. 나만의 꿈이 있다는 사실이 자랑스러웠다.

　훈련을 시작한 지 두 달쯤 되었을 때 아빠가 나에게 한 가지 제안을 했다.

　"지애야, 곧 지역대회가 있다고 한다. 그 대회에 출전해보는 게 어떻겠니? 지역대회이긴 하지만 전남지역에서 제법 골프를 한다는 초등학생들은 다 나오기 때문에 너에게는 좋은 경험이 될 거야."

바로 전남지역 초등부 골프대회였다. 내가 잘할 수 있을지 두려웠지만, 바로 눈앞에 구체적인 목표가 생기니 내심 욕심도 생겼다. 훈련을 할 때도 대회를 염두에 두고 하니 오히려 집중이 더 잘되었다.

그렇게 난생 처음으로 출전한 대회에서 우승을 놓고 아슬아슬한 경쟁을 벌이면서 나는 어렴풋하게나마 내 안의 잠재력을 발견했다. 또 골프의 진정한 매력을 깨달았다. 좋아하는 일, 잘할 수 있는 일을 발견한다는 것은 인생이 우리에게 주는 가장 큰 행운 중 하나다. 비록 나는 그 대회에서 준우승에 머물렀지만, 내겐 그 행운을 잡았다는 것만으로도 큰 의미가 있었다.

"전남 영광의 한 시골마을에서 한국의 로라 데이비스를 꿈꾸는 괴력의 장타자가 나타나 화제다. 주인공은 영광 홍농서초등학교 6학년 신지애(12세) 양, 키 153센티미터, 몸무게 58킬로그램으로 통통한 편인 신 양은 지난 1999년 6월 처음으로 골프 클럽을 잡았다. 골프를 시작한 지 3개월 만에 처음 출전한 대회에서 94타로 준우승하고 이후 광주 전남지역 4개 대회를 석권했으며 전남 도지사배 대회에서는 이틀간의 경기에서 각각 76타와 82타를 기록, 다른 선수들과 20여 타 차를 보이며 우승했다. 신 양의 드라이브 샷 거리는 초등학교 여학생으로는 믿어지지 않는 230~240야드. 제대로 맞으면 250야드도 거뜬하다. 박세리 선수의 평균 드라이버 거리가 256야드로 미국 LPGA 투어 선수 중 9위를 기록하고 있는 것과 비교하면 대단한 장타다."

나는 지역 내에서 조금씩 주목받기 시작했다. 첫 대회에서 거둔 준우승이라는 타이틀과 그 뒤에 이어진 우승의 기록들은 골프에 대한 자신감을 불어넣기에 충분했다.

대회에서 우승을 하면 또 한 가지 좋은 점이 있었다. 지역대회이긴 해도 우승을 차지할 때마다 크고 작은 골프용품들을 부상으로 받곤 했기 때문이다. 나는 그렇게 부상으로 받은 용품들을 골프숍에 가져가 필요한 것으로 바꾸곤 했다. 선수생활을 위해서는 골프화, 골프장갑, 볼 등 필요한 것들이 많았는데 늘 돈이 없어서 제때 바꾸지 못하고 있었던 것이다. 한번은 부상으로 일 년 간 컨트리클럽을 무료로 이용할 수 있는 이용권을 받은 적이 있었다. 돈이 없어 클럽에 나가 진짜 라운딩을 해보지도 못하고 학교 운동장이나 골프연습장에서만 훈련을 하던 나에게는 큰 기회였다.

골프선수들은 날이 추워지면 따뜻한 나라로 동계 훈련을 가는데, 나는 동계 훈련을 갈 수도 없었다. 비용을 감당할 수 없었기 때문이다. 내가 할 수 있는 것이라고는 날이 더 추워져 땅이 얼기 전에 조금이라도 더 연습하는 것뿐이었다. 그러려면 학교수업도 빠지고 하루 열다섯 시간 넘게 맹훈련을 하는 수밖에 없었다. 한번은 그런 내 사정이 지역에 알려져 한 골프아카데미로부터 지원을 받기도 했다. 테스트를 거쳐 난생 처음 해외로 동계 훈련을 떠났는데, 다른 아이들과 함께하니 좋은 점도 있었지만 반대로 나쁜 점도 있었다. 우선 그들과 너무 다른 나의 현실이 어느 때보다 선명하게 다가왔다.

'저 애들이 가지고 있는 골프 클럽은 내 것과 차원이 다르네. 내 건

중고에 구식인데 쟤들이 가진 건 고급이야. 저렇게 비싼 골프 클럽은 기능도 훨씬 좋을 텐데 내가 저 애들을 따라잡을 수 있을까?'

때때로 밀려드는 열등감에 기가 죽을 때도 있었다. 앞으로 내가 골프를 얼마나 계속할 수 있을지조차 불투명했다. 그럴 때면 나는 애써 스스로를 위로했다.

'괜찮아. 내가 더 열심히 하면 되지. 가난은 부끄러운 게 아니잖아.'

언젠가 아빠는 무더위를 이기기 위해 보신을 해야 한다며 장어를 먹으러 가자고 했다. 그런데 정작 아빠는 식당에 들어가지 않고 내게 돈을 주면서 혼자 먹고 오라는 것이 아닌가. 돈 때문인 것 같았다.

"싫어요. 나 혼자는 안 가요. 아빠도 식사 안 하셨죠? 혼자서는 안 갈래요."

내가 계속 떼를 쓰자 아빠는 하는 수없이 함께 식당에 들어갔다. 하지만 장어는 1인분만 주문하고는 화장실에 다녀오겠다며 나가버리는 것이었다. 아무리 기다려도 아빠는 돌아오지 않았다. 나는 젓가락을 내려놓고 조용히 기다렸다. 아빠는 한참이 지난 다음에야 태연한 척하며 들어와 자리에 앉았다. 그러더니 테이블을 보고 깜짝 놀랐다.

"아니, 지금까지 안 먹고 뭐 했냐?"

나는 말없이 접시를 아빠 쪽으로 밀었다.

"아빠도 드세요. 아빠가 없는데 어떻게 나 혼자 먹어요?"

나는 알고 있었다. 아빠가 내게 장어를 먹이기 위해 일부러 자리를 피했다는 것을. 하지만 나를 생각하는 아빠의 마음을 알기에 혼자서는 먹을 수가 없었다. 내가 계속 먹지 않고 버티자 아빠는 졌다는 듯한 얼굴로 젓가락을 들었다.

"알았다."

그러면서도 아빠는 장어를 먹는 시늉만 하고 정작 김치나 다른 반찬에만 젓가락을 가져가는 기색이 역력했다. 나는 다시 아빠를 부르려다 말고 생각을 바꾸었다.

'그래, 차라리 많이 먹자. 그리고 힘내자. 힘내서 더 열심히 연습하는 게 아빠를 기쁘게 해 드리는 거야.'

코끝이 찡해지고 눈물이 흐르려는 것을 애써 참으면서 열심히 장어를 먹었다. 언젠가는 그까짓 장어 따위 엄마 아빠, 동생들 모두 불러 마음껏 먹을 날이 올 거라고 마음을 다잡았다.

나는 열악한 환경 속에서도 차근차근 실력을 다져나가고 있었다. 대회에 나갈 때마다 아빠는 교회의 지원으로 차량을 이용하면서 부모님과 함께하지 못하는 다른 선수들을 함께 태워주었는데 그럴 때면 선수들의 부모님은 고마움의 표시로 약간의 수고비를 건네주곤 했다. 돈을 바라고 한 일은 아니었지만, 워낙 형편이 좋지 않을 때라 아빠는 그 돈을 거절하지 않고 받아두었다가 나의 훈련 경비로 썼다.

다른 친구들은 경기 중에 점심을 사 먹었지만 나는 돈을 아끼기 위해 엄마가 싸준 김밥을 먹었다. 2000년 6월 처음으로 전국대회에 출전하던 때도 그랬다. 대회가 열리는 대구까지 가려면 새벽 두 시에 출발해야 했는데, 엄마는 출발 시간을 맞추기 위해 자정이 넘은 시간에 일어나 김밥을 쌌다.

"엄마가 싸주는 김밥이 제일 맛있어요."

나는 도시락을 먹을 때마다 그렇게 말했다. 진심이었다. 가난했지만 엄마의 따뜻한 사랑과 아빠의 보살핌이 있어 부끄럽지는 않았다.

한번은 발톱이 살을 파고 들어가 염증을 일으키는 바람에 수술을 한 적이 있었다. 수술을 받은 후 한동안 엄지발가락에 두꺼운 붕대를 칭칭 감고 있어야 했는데, 그런 발로는 골프화를 신을 수 없었고 훈련도 제대로 할 수가 없었다. 연습도 중단한 채 무의미하게 시간을 흘려보내고 있자니 아깝기만 했다. 그때 아빠가 벌떡 일어나더니 골프화를 찾았다.

"지애야, 이러고 있을 게 아니다."

"어쩌시려고요?"

"골프화의 엄지발가락 부분을 잘라내고 신자. 그리고 나가보자. 지금 유성에서 한국여자아마추어골프선수권대회가 열리고 있어. 거기 가서 경기도 보고 연습도 하자. 자극도 받을 수 있고 좋은 경험이 될 거다."

"네, 아빠!"

나는 엄지발가락 부분이 뻥 뚫린 골프화를 신고 유성으로 달려갔다. 통증 때문에 발에 힘이 많이 들어가는 샷은 무리였지만, 퍼팅 연습을 주로 하기로 했다. 아마 그런 내 모습이 좀 우스꽝스러웠을 것이다. 붕대를 칭칭 감은 엄지발가락이 싸구려 골프화에서 튀어나와 있는 모습이라니……. 사람들이 힐끔힐끔 우리를 쳐다보았다. 뒤에서 수군거리는 사람도 있었다.

"세상에, 저런 상태인 애를 훈련시키겠다고 데리고 나오다니."

"어떻게 된 사람들이야. 따라오는 애나 데리고 나오는 어른이나, 쯧쯧쯧."

"독하다, 독해."

곱지 않은 시선을 느낄 때마다 기분이 좋지 않았지만 스스로를 다독이며 묵묵히 훈련을 했다.

'괜찮아. 다른 사람들의 시선은 중요하지 않아.'

그때 한 선수의 아버지가 다가와 우리를 한참 동안 지켜보았다. 그러더니 이렇게 말했다.

"지애야, 너 같은 정신력이면 무조건 된다. 되고말고. 나중에 제주도에 오거든 꼭 아저씨에게 연락해라. 아저씨가 힘닿는 데까지 도와주마. 골프는 멘탈 게임이란다. 강한 정신력이 있으면 그다음은 저절로 따라오게 돼 있어!"

'골프는 멘탈 게임'이라는 말의 의미를 그때는 미처 이해하지 못했다. 다만 더 열심히 해야 한다는 각오를 다졌을 뿐이다. 그때는 그저 열심히 하는 것만으로도 충분할 줄 알았다.

그때는
절박하게 꿈꾸는 법을 몰랐어

　남들보다 두 배 세 배 더 혹독한 훈련을 버텨낸 덕분에, 나는 전남 지역을 중심으로 차근차근 입지를 다지면서 순조롭게 성장해나갔다. 하지만 6학년 때 처음 출전한 전국대회에서는 기대와 달리 예선조차 통과하지 못한 채 탈락하고 말았다. 예상에 훨씬 못 미치는 성적에 아빠와 나는 크게 실망했다. 지역대회에서 우수한 성적을 거두며 상승세를 타고 있었기 때문에 실망감은 더 컸다.

　하지만 그것은 시작에 불과했다. 그후로도 나는 전국대회와 좀처럼 인연이 닿지 않았다. 중학교 2학년 무렵 전국대회에서도 조금씩 두각을 드러내긴 했지만 여전히 만족할 만한 수준은 아니었다. 우승까지 단숨에 차지할 수 있을 거라 자신했었는데 예상과 달리 지지부진하게 시간만 흘러가니 초조해지기 시작했다. 대책이 필요했다.

　어느 날, 하경종 프로와 아빠 그리고 나는 작은 테이블을 사이에 두고 마주앉았다. 아빠도 하 프로도 무척 심각한 얼굴이었다. 나는 그런 분위기가 못내 부담스러웠다.

　"지애야, 왜 번번이 우승을 놓친다고 생각하니?"

　아빠가 물었다. 하지만 달리 대답할 말이 없었다. 우승할 만큼의 실력을 갖추지 못했으니 우승을 놓친 것이지 달리 무슨 이유가 있을 수 있단 말인가?

"훈련이 부족해서 그런 걸까?"

나는 고개를 저었다. 잠자는 시간과 화장실 가는 시간을 빼고 종일 골프 연습만 하는데 어떻게 훈련 시간이 부족할 수 있을까. 이미 오래 전부터 생존에 필요한 최소한의 시간만을 빼놓고 내 모든 시간을 골프에 쏟아 붓고 있었다.

"전국대회 때 유독 긴장했던 탓일까?"

"……."

나는 다시 고개를 저었다. 전국대회라고 해서 다를 것은 없었다. 모든 경기 때마다 긴장을 하긴 했지만 전국대회라고 해서 경기를 망칠 만큼 유난히 긴장한 것은 아니었다.

"집중력이 떨어지는 것일까?"

그것도 전국대회 실패의 직접적인 원인이라고 보기는 어려웠다. 계속해서 집중력을 높여가야 하는 건 당연하지만 집중력 부족이 결정적인 이유는 아닌 것 같았다.

'그럼 도대체 뭐가 문제일까? 왜 번번이 전국대회에서 우승을 놓치는 거지? 지역대회에서는 잘하다가도 더 중요하고 큰 대회인 전국대회에만 나가면 기대만큼 기량을 펼치지 못하는 이유가 뭘까?'

내 앞에는 전국대회라는 높은 산이 서 있었다. 내 꿈을 향해 계속 달리기 위해서는 반드시 그 산을 넘어야 했다.

면밀한 분석 끝에 우리는 '어프로치가 미숙하다'는 데서 원인을 찾았다. 당시 하경종 프로는 연습장에서만 레슨을 해주고 있었기 때문에 함께 필드에 나가 라운딩을 할 수가 없었다. 그러다 보니 필드에서 어프로치가 약해질 수밖에 없었던 것이다. 우리는 어프로치 샷을 집중적으로 연습하기 위해 훈련 패턴을 바꾸기로 했다.

"지애야, 이제부터는 훈련 방식을 좀 바꿔야겠다. 지금까지는 무안 컨트리클럽에서 라운딩을 하고 바로 광주연습장으로 갔지만 지금부터는 라운딩을 끝내고 최소한 두 시간 이상 어프로치 샷을 집중적으로 연습하도록 하자!"

어프로치 샷을 연습할 때면 아빠는 가방 두 개에 연습 볼을 백 개도 넘게 가득 담아가서 그린 주변에 깔아놓았다. 그리고 그린 한가운데에 물컵을 세워놓았다.

"자, 이 볼들을 차례대로 쳐봐라. 그린 가운데 세워놓은 물컵을 볼로 맞히면 200원, 컵 주위로 50센티미터 즉 1미터 원 안에 가깝게 붙이면 100원씩 용돈을 주겠다!"

아빠는 지루한 연습에 조금이나마 재미를 더해보려고 용돈을 건 것이다. 나는 아빠가 시키는 대로 최대한 볼을 정확히 맞추려 애썼다. 하지만 쉽지 않았다.

"다시!"

"다시 해봐!"

"못 맞췄잖아. 다시 해!"

'다시'가 끝없이 반복되었다. 처음에는 전혀 감을 잡을 수가 없었다. 하지만 시간이 지날수록 어프로치 샷에 감각이 붙기 시작했다. 하루에 천 번도 넘게 연습하다 보니, 몸의 근육과 감각이 조금씩 익숙해지기 시작했고, 점차 자신감이 생겨났다. 타고난 감각이라기보다는 오랜 반복 훈련에 의해 생긴 후천적인 감각이었다. 연습을 시작하기 전에는 어프로치만 하면 보기(bogey, 하나의 홀에서 기준 타수보다 한 타수 많은 스코어로 홀인하는 것)를 해서, 골프 감각이 떨어지는 건 아닐까 불안한 마음이 들곤 했다. 그러나 열심히 연습한 결과 부족한 감각도 충분히 보완할 수 있었다.

어프로치 샷뿐만 아니라 100야드 안쪽 샷에 대해서도 별도의 집중 훈련을 했다. 잘 되지 않는 부분은 하나씩 하나씩 될 때까지 마스터해나갔다.

"30미터부터 10미터 단위로 끊어가면서 120미터까지 연습을 한다! 먼저 볼 여든다섯 개짜리 한 박스로 30미터, 그다음에 40미터에 한 박스, 또 50미터에 한 박스씩…… 알았지?"

오전 내내 연습을 하다 보면 80미터, 90미터까지 칠 무렵 점심식사 때가 되었다. 점심식사를 하고 나면 다시 같은 연습을 반복했다. 아무리 힘들어도 120미터까지 다 채우고 나서야 다른 샷 연습에 들어갈 수 있었다. 이런 식으로 나는 계속해서 100야드 안쪽 샷을 강화해 나갔다.

뭔가 훈련이 잘 풀리지 않는 날이면 곧바로 아빠의 불호령이 떨어졌다.

"넌 전국대회라는 산을 넘어야 해! 제대로 해봐!"

나는 아빠가 시키는 대로 열심히 훈련했지만 마음속으로는 이렇게 생각하곤 했다.

'잘 안되면 다음에 잘하면 되지.'

당시 나는 아빠만큼 절실하지는 않았던 것 같다. 골프를 좋아하고 또 누구보다 열심히 했지만 아빠의 말처럼 반드시 전국대회에서 우승해야겠다는 생각은 들지 않았다. 나는 이미 지역대회에서 두각을 드러내고 있었고 골프선수로서 인정받고 있었다. 그러니 굳이 전국대회 우승까지 해야 할 절박한 이유가 없었던 것이다. 적어도 그때까지는…….

내 안에 숨어 있던 2퍼센트의 여유. 그것이 나를 가로막고 있었다. 뭔가 돌파구가 필요하다고 어렴풋이 느끼기 시작했을 때, 운명의 그 날이 찾아왔다.

내 인생을 바꿔놓은
운명의 날

그날은 이상하게 아침부터 기분이 좋았다. 며칠 전 국가대표 상비군으로 발탁되었다는 소식을 들은 데다, 그날은 이모의 회갑 잔치가 있는 날이기도 했다. 우리 가족들은 모두 잔뜩 들떠 있었다. 특히 엄마가 그랬다. 평소와 달리 곱게 화장을 한 엄마를 보니 왠지 모르게 나도 기분이 좋아졌다. 늘 집안일에 교회 허드렛일까지 도맡아 하고, 동네 어르신이나 소년소녀 가장들을 돌보느라 눈코 뜰 새 없이 바쁜 엄마. 그런 엄마가 자랑스러우면서도 한편으로는 늘 안쓰러운 마음이 들었기 때문이다.

"엄마, 이모 보러 간다니까 좋은가봐요."

엄마는 거울 앞에서 웃었다.

"그럼. 이모도 이모지만 우리 딸이 국가대표 상비군이 되었으니 며칠 동안 밥 안 먹어도 배가 부를 것 같은 기분이지. 이번에 이모 회갑 잔치에 가면 자랑도 할 수 있고……. 이모가 전화로 네 칭찬을 얼마나 했는지 몰라."

기뻐하는 엄마를 보니 마음이 뿌듯해졌다.

"누나, 훈련 마치는 대로 바로 내려와."

동생들도 들떠 있었다. 잔치에 가니 먹을 것도 많을 테고 엄마와 나들이 가는 기분도 나는 모양이었다. 아빠가 먼저 나서며 나를 불렀다.

"지애야, 우리 먼저 출발하자. 오늘 훈련 빨리 끝내고 우리도 이모 댁으로 내려가야지."

나는 아빠를 따라나서며 다시 한 번 엄마를 돌아보았다. 엄마는 나를 향해 환하게 웃고 있었다. 동생들도 손을 흔들며 아빠와 나를 배웅했다.

"지애야, 열심히 연습하렴. 엄마가 항상 너를 위해 기도하고 있다는 것 잊지 마라!"

나는 고개를 끄덕이며 현관을 나섰다. 나를 위해 기도하고 있다는 엄마의 말이 그날따라 가슴에 오래 남았다. 아빠를 따라나서다가 마지막으로 엄마를 돌아보았다.

"엄마!"

"왜?"

엄마는 어서 가라는 듯 손짓하며 나를 보았다.

"운전 조심하세요. 금방 따라갈게요."

"그래, 걱정하지 말고 어서 가라. 늦겠다."

나는 서둘러 달려나갔다. 완벽한 아침이었다. 이대로만 열심히 노력하면 언젠가는 우리 가족도 다른 사람들처럼 여유 있게 살 수 있는 날이 올 거라는 확신이 들었다.

그날은 컨디션도 좋았고 훈련하는 내내 실수도 거의 없었다. 시간도 빨리 흘러가 어느덧 훈련을 마칠 시간이 되었다.

"오늘은 여기까지!"

아빠의 사인이 떨어졌다.

'엄마와 동생들은 이미 목포에 도착했겠지. 나도 빨리 가고 싶다.'

훈련 장소인 광주에서 목포까지 한달음에 달려갈 생각을 하니 가슴이 두근거렸다. 마치 황금 휴가라도 받은 듯한 기분이었다.

"아빠, 오늘만큼만 훈련이 잘되면 금세 실력이 늘겠어요."

"그래. 앞으로가 정말 중요하단다. 넌 오늘처럼만 열심히 하면 된다!"

평소 엄하고 칭찬에 인색한 아빠였지만 그날만큼은 부드러운 목소리로 격려를 해주었다. 모든 일이 잘 되어가고 있는 것 같았다. 그때였다. 갑자기 아빠의 핸드폰이 울렸다.

"아니!"

어떤 예감이라도 있었던 것일까. 아빠는 갑작스런 벨소리에 평소답지 않게 깜짝 놀랐다.

"아빠, 왜 그러세요? 빨리 받으세요."

"그…… 그래."

아빠가 당황하니 나도 괜히 마음이 불안했다. 아빠는 천천히 핸드폰을 귀에 가져갔다. 그쪽에서 뭐라고 하는지 들리진 않았지만 아빠의 표정이 점점 어두워지는 것을 느낄 수 있었다.

"예, 제가 신제섭입니다만……."

나는 가만히 아빠의 표정을 살폈다. 뭔가 심각한 일이 일어난 것 같았다. 어느 순간 아빠의 표정이 일그러지고 목소리가 심하게 떨리기 시작했다.

"사……"

아빠는 뭐라고 물어보려는 듯 입을 열었으나, 목이 멘 사람처럼 좀처럼 말을 꺼내지 못했다.

"사…… 살아는 있습니까?"

나는 멍한 표정으로 아빠를 쳐다보았다. 무슨 말을 하는 건지 이해할 수가 없었다. 상대방의 대답을 듣고 아빠가 다시 물었다.

"아이들…… 아이들은요?"

아빠가 말한 아이들이 내 동생들인 것일까? 불길한 예감으로 가슴이 터질 것 같았지만 애써 마음을 다독이고 아빠의 말에 귀를 기울였다.

다음 순간 아빠의 목소리가 아득하게 멀어졌다.

"네, 무안종합병원이라고요? 알겠습니다. 곧 가겠습니다!"

떨리는 손으로 전화를 끊은 아빠는 한동안 멍하니 고개를 숙이고 있다가 천천히 나를 돌아보았다. 그 짧은 순간 동안 얼마나 간절히 기도했는지 모른다. 우려하는 일이 현실이 되지 않기를! 그 자리에서 도망치고 싶었지만 나는 말없이 아빠를 마주보고 대답을 기다릴 수밖에 없었다. 아빠가 나를 향해 힘겹게 입을 열었다.

"지애야."

"……?"

"네 엄마가……"

"엄마가 왜요?"

"사고가 나서……"

"사고요? 그래서요?"

"도, 돌아가셨다는구나!"

"……!"

그 순간을 나는 아직도 생생히 기억한다. 마치 시간이 멈춰버린 듯, 나를 둘러싼 세계가 한순간에 무너져버린 듯, 아무런 소리도 들리지 않고 아무런 감각도 느껴지지 않았다. 아니, 모든 고통이 한꺼번에 뒤섞여 나를 짓누르는 것 같았다.

나는 잠시 그 자리에 멍하니 서 있었다. 그러다가 다음 순간 갑자기 몸이 떨려왔다. 나는 아빠를 향해 소리를 질렀다.

"무슨 소리예요. 장난치지 마세요. 엄마가 죽다니…… 그럴 리가 없잖아요. 아빠! 왜 나한테 거짓말을 하시는 거예요? 왜!"

아빠가 제대로 몸을 가누지 못하는 나를 붙잡았다.

"지애야, 진정해라."

"그럴 리가 없어. 목포에 내려가서 만나기로 했는데!"

"지애야!"

골프를 시작하고 5년. 이제 겨우 국가대표 상비군이 되었고 이제 겨우 희망을 찾았다고 생각한 순간, 나는 엄마를 잃었다. 아니, 내 모든 것을 잃었다.

반드시
성공해야 하는 이유

엄마는 차가운 주검이 되어 영안실에 누워 있었다. 하지만 나에게는 슬픔에 잠겨 있는 것조차 사치였다. 온몸에 붕대를 감고 사지를 매단 채 누워 있는 동생들이 나를 기다리고 있었다. 여동생 지원이는 어깨뼈와 허벅지뼈, 종아리뼈가 부러졌고, 막내인 지훈이는 목뼈와 허벅지뼈가 부러진 중상을 입었다. 현장을 보지 않아도 얼마나 큰 사고였을지 짐작이 갔다. 그나마 뼈만 부러진 것이 불행 중 다행이었다.

"엄마……."

동생들은 온종일 고통에 시달리면서도 애타게 엄마를 찾았다. 그럴 때마다 나와 아빠는 거짓말을 해야 했다. 큰 부상을 입은 동생들이 정신적 충격을 받는 것을 막아야 했다.

"엄마는 다른 병실에 입원해 계셔. 다 나아야 움직일 수가 있대."

엄마의 장례식날조차도 난 동생들에게 진실을 숨긴 채 아빠와 교대로 장례식장을 지켰다. 아빠가 동생들 곁에 있을 때는 내가 아빠 대신 장례식장에서 조문객들을 맞았다.

그때 나는 중학교 3학년 어린 소녀에 불과했다. 아직 어리광이 익숙한 나이. 하지만 슬퍼하고 있을 수만은 없었다. 나는 우리 집안의 장녀였고, 내게는 교통사고로 크게 다친 동생들이 있었다. 그리고 엄마의 죽음으로 누구보다 큰 충격에 빠진 사람은 바로 아빠였다. 집안의 모든 일들을 엄마에게 맡기고 의지해온 아빠는 갑자기 어린 세 남매를 혼자 키워야 하는 상황에 놓인 것이다.

엄마의 시신이 관에 들어갈 때, 나는 아빠 곁에 서 있었다. 아빠는 온몸을 떨며 엄마를 불렀다. 입관식이 끝나갈 때쯤 나는 아빠에게 다가가 이렇게 말했다.

"아빠, 너무 슬퍼하지 마세요. 아까 엄마 얼굴을 보니 웃고 계신 것 같았어요. 아마 천국에 가서 행복하실 거예요. 그리고 언젠가 하늘나라에 가면 엄마를 다시 만날 수 있을지도 모르잖아요."

아빠는 뜻밖의 말에 조금 놀란 듯 나를 보더니 울먹이면서 내 손을 잡았다.

"지애야."

내 가슴속에는 엄마를 잃은 슬픔이 끝없이 밀려오고 있었다. 앞으로 엄마 없이 어떻게 살아가야 할지 막막하고 두려웠다. 그 상황에서는 꿈을 꾸는 것조차 사치였다. 골프를 계속해야 할지 말아야 할지 생각해볼 겨를조차 없었다.

장례식이 끝나고, 엄마 없는 휑한 집에는 나와 아빠만 남았다. 교통사고의 책임이 운전자인 엄마에게 있어 보상금조차 받지 못했지만, 다행히 교인들과 엄마가 생전에 돌봐주었던 많은 사람들이 십시일반으로 조의금을 모아주었다. 엄마가 생전에 천사처럼 베풀었던 것을 남은 가족들이 대신 돌려받은 셈이었다. 아빠는 그 돈으로 그동안 내게 골프를 가르치느라 여기저기 빚진 돈을 갚았다. 그리고 교회 사택에서 짐을 빼 작은 월세방 한 칸을 구했다. 더 이상 목회를 계속할 수도 없는 상황이었다. 동생들의 병간호를 해야 하는 데다 사모도 없이 목회를 계속할 수가 없어서 목사직을 사임했기 때문이다. 단칸방에 살림살이와 짐을 빼곡하게 쌓아둔 채 아빠와 나는 병원에서 거의 매일 살다시피 했다. 골프 훈련이니 뭐니 하는 말은 누구도 꺼내지 않았다.

그러던 어느 날 아빠가 조용히 나를 불렀다. 아빠 앞에는 통장이 하나 놓여 있었다.

"지애야, 이 통장에는 지금 1900만 원이 들어 있다. 너도 알다시피 엄마가 돌아가신 뒤로 정말 많은 사람들이 정성을 모아주었단다. 우리로서는 생각지도 못한 큰돈이었다. 그 돈으로 빚 갚고 네 동생들 치료비 충당하고 월세방 구하고 남은 돈이 1900만 원이다."

나는 말없이 고개를 숙였다. 엄마가 돌아가시던 그날 아침 환하게 웃고 있던 모습이 뇌리에서 떠나질 않았다. 엄마의 마지막 말이 계속 귓가에서 맴돌았다.

'지애야, 항상 너를 위해 기도하고 있단다.'

돌아가신 엄마가 하늘에서 나를 향해 전하는 말 같았다.

그때 아빠가 물었다.

"지애야, 이 돈으로 무엇을 했으면 좋겠냐? 넌 이제 골프를 포기한 거냐?"

"……."

아빠는 내 대답을 기다리지도 않고 이렇게 말했다. 입관식 때 엄마를 부르며 허둥대던 모습은 사라지고 마치 큰 결심을 한 사람처럼 단호해 보였다.

"아빠는 이 돈 가운데 1700만 원으로 앞으로 일 년 간 너에게 골프를 가르칠 생각이다. 그 일 년 안에 네가 골프로 성공하지 못하면 나머지 200만 원으로 겨울에 서너 달 붕어빵 장사라도 해서 또 일 년을 더 가르쳐보겠다. 만약 그러고도 네가 성공하지 못하면 그땐 우리 포기하자. 골프는 네 길이 아니라고 생각하고 아빠도 깨끗하게 마음을 접을 거다. 거기까지가 우리가 할 수 있는 최선이다."

생각지도 못한 말이었다. 무슨 대답을 해야 할지 당혹스러웠다. 이런 최악의 상황에서 골프를 계속해도 되는 걸까?

그때 아빠가 이렇게 덧붙였다.

"이 돈은 엄마 목숨하고 맞바꾼 돈이다. 그러니 앞으로는 한 타 한 타를 칠 때마다 네 모든 것을 걸고 쳐야 한다!"

그 말에 나는 마치 뒤통수를 얻어맞은 듯 멍해졌다. 엄마의 목숨과 맞바꾼 돈, 그 돈으로 내가 골프를 하다니! 골프가 우리 가족의 마지막 희망이자 내가 살아야 하는 이유가 되어 다시 다가오고 있었다. 한 타 한 타에 모든 것을 걸고 치라는 아빠의 말을 나는 오래도록 곱씹었다.

'앞으로 내 인생은 골프에 달려 있는 거구나! 아니, 내 인생뿐만 아니라 우리 가족의 운명까지도 달려 있구나. 내가 실패하면 우리 모두 밑바닥 인생을 전전하게 될 것이고, 내가 성공하면 우리 가족도 살아갈 희망을 찾게 될 것이다!'

그것은 이제까지와는 전혀 다른 방식으로 꿈꾸는 것을 의미했다. 아빠와 이야기를 나누고 방을 나오면서 나도 모르게 주먹을 불끈 쥐었다. 그리고 중얼거렸다.

"무슨 일이 있어도, 반드시, 꼭, 전국대회에서 우승을 해야 해!"

엄마는 떠났지만, 가슴 아픈 이별을 계기로 내 꿈은 한층 더 크게 자라고 있었다. 비로소 내 꿈은 뜨거워지고 있었다. 엄마의 목숨과 맞바꾼, 무엇보다 소중한 꿈이었다.

"골프로 성공하느냐 마느냐에 가족 전체의 미래가 달려 있었다.
나는 꼭 성공하고 싶었고 그러기 위해서는 먼저 나 자신부터 강해져야 했다.
눈물 많고 소심한 어린아이의 모습을 버리고 강한 승부사가 되어야 했다."

3장

발톱을 세워라,
네 안에 꿈이 있다

나는 짐도 제대로 풀지 못한 좁은 단칸방에 홀로 남았다. 엄마가
돌아가신 후 교회 사택에서 짐을 빼 단칸방으로 옮기느라 없는 살림
에 그나마 남아 있던 짐들마저 거의 다 버렸지만, 그래도 방이 워낙
작아서 짐을 쌓아놓아야 하는 형편이었다. 바닥에는 아빠가 던져놓
고 간 통장이 덩그러니 놓여 있었다. 조용한 방 안에서 단 하나의 목
소리만이 들렸다. 그 소리는 마치 비수처럼 날아와 내 가슴을 파고들
었다.

'이건 엄마의 목숨과 맞바꾼 돈이다!'

우리 가족의 전 재산 1900만 원. 그 돈의 천 배, 아니 만 배라도 엄
마만 돌아올 수 있다면 내게는 필요치 않았다. 하지만 엄마는 떠났고
이미 돌이킬 수 없다는 것을 나는 잘 알고 있었다.

'엄마, 사람이 죽으면 어떻게 되는 거예요?'

어린 시절 나는 엄마에게 이렇게 묻곤 했다.

'천국에 가는 거란다!'

갑자기 엄마의 목소리가 들리는 것 같아 나도 모르게 방 안을 돌
아보았다. 무심한 적막만이 가득했다. 나는 다시 고개를 돌려 바닥

에 놓여 있던 통장을 물끄러미 바라보았다. 엄마가 돌아가시기 전까지는 한 번도 죽음에 대해 깊이 생각해본 적이 없었다. 죽음은 나와 관계가 없는 추상적인 그 무엇이었을 뿐이다. 하지만 이제 알 것 같았다. 사랑하는 사람이 없는 삶을 견뎌야 하는 것, 그것이 죽음이었다.

통장을 집어 들고 통장에 찍힌 숫자를 빤히 쳐다보았다. 그 숫자가 내 인생을 쥐고 있었다. 아니, 골프가 내 인생을 쥐고 있었다.

어깨 위에 커다란 바위를 얹어놓은 것처럼 삶이 무겁게 느껴졌다. 나는 자리에서 일어나 가방을 집어 들었다. 순간 동생들의 얼굴이 떠올랐지만 지금 내가 가야할 곳은 병원이 아니었다. 조그만 쪽방을 빠져나오는 동안 내 걸음은 점점 더 빨라졌다. 버스정류장까지 바삐 걷다가 곧 달리기 시작했다. 단 일 분 일 초도 멈춰 서 있을 수는 없었다.

'엄마, 저 꿋꿋이 살게요. 뛰어갈게요. 두 번 다시 엄마를 만날 수는 없겠지만, 그리움만큼 간절한 마음으로 골프를 할게요. 엄마를 위해, 남아 있는 아빠와 우리 가족을 위해!'

헐레벌떡 골프연습장에 뛰어들어간 나를 하경종 프로가 놀란 눈으로 쳐다보았다. 병원에서 동생들을 돌봐야 할 내가 골프연습장에 와 있으니 어쩌면 놀라는 것이 당연한 일이었다.

"저 골프를 계속 할 거예요! 아니, 계속해야만 해요! 다시 가르쳐주세요."

놀란 눈으로 멍하니 나를 보던 하 프로는 곧 미소를 지으며 내 어깨를 두드려주었다.

"그래, 다시 시작하자! 전국대회 우승을 잡아야지!"

"네!"

오랜만에 볼 앞에 서서 눈앞에 펼쳐진 그린을 보았다. 불과 얼마 전만 해도 나는 아빠와 함께 이곳에 와서 훈련을 했다. 그때는 돌아갈 집이 있었다. 엄마가 있는 집, 가난해도 가족들이 함께 모여 잠을 잘 수 있는 따뜻한 집이. 하지만 이제는 짐으로 가득 찬 초라한 단칸방이 있을 뿐이었다. 동생들은 모두 병원에 누워 있고, 아빠는 오늘도 병원 한구석에서 쪽잠을 주무실 터였다. 그 모든 장면들이 머릿속을 스쳐 지나갔다. 하지만 슬퍼하고 있을 수만은 없었다.

나는 차분하게 티(tee, 골프경기에서 각 홀을 시작할 때 볼을 치기 좋게 올려놓는 대) 위에 볼을 올려놓고 내가 좋아하는 아이언클럽(iron club, 머리 부분이 금속 성분으로 되어 있는 골프채의 총칭)을 골라잡았다. 그리고 스윙을 하기 전 잠시 눈을 감았다.

'이 한 타는 그냥 한 타가 아니야. 여기에 우리 가족의 미래가 달려 있는 거야. 저 멀리 날려보는 거야. 두고 봐, 나는 변할 거야! 이제 강해질 거야! 절대로 울지 않을 거야!'

눈을 떴다. 그리고 있는 힘껏 클럽을 휘둘렀다.

어쩌면 그것이 내 인생의 진정한 첫 번째 샷이었는지도 모른다. '앞으로 나는 무엇을 해야 하는가?'라는 마음속 질문에 나의 아이언 클럽이 대신 답하고 있었다.

'신지애, 너는 골프를 해야 해!'

변하지 않으면
살아남을 수 없어

　동생들의 간병과 골프 훈련을 병행하는 고단한 생활은 일 년도 넘게 계속되었다. 연습을 끝내고 돌아오는 길에는 늘 참기 힘들 만큼 졸음이 쏟아졌다. 온몸이 납덩이처럼 무거워 가만히 서 있기도 힘겨웠다. 그대로 쓰러져 깊이 잠들고 싶었다. 가끔은 모든 것을 잊고 어디론가 도망쳐버리고도 싶었다. 하지만 발길은 언제나 동생들과 아빠가 기다리는 병원으로 향했다.

　"언니."

　"누나."

　목뼈를 다친 막내 동생 지훈이는 턱에 벨트를 매고 추를 달고 있었다. 불편한 자세로 누워 있어야 했기 때문에 고생이 이만저만이 아니었다. 그 모습을 바라보는 내 마음도 아팠다.

　"지훈아, 배고프지? 누나가 밥 해줄게."

　나는 저녁이면 동생들에게 직접 밥을 지어주곤 했다. 엄마가 쌀을 씻던 모습을 어렴풋이 떠올리면서 그 모습을 따라 쌀을 씻었다. 밥 짓는 고소한 냄새가 솔솔 풍겨올 때면 동생들은 나를 보며 웃곤 했다. 하루 종일 연습을 하고 오랜 시간 버스를 타고 졸면서 온 터였지만 동생들의 초롱초롱한 눈을 마주하면 정신이 번쩍 들었다.

'깁스를 하고 붕대를 감은 채 누워 있어야 하는 동생들이 나보다 더 힘들 거야. 큰 사고를 당한 데다 엄마까지 잃었잖아. 아빠도 엄마를 잃고 우리들을 혼자 떠맡게 되었으니 얼마나 힘들까.'

나와 아빠는 밤마다 보호자용 간이침대에 누워 잠을 잤다. 아침이면 또다시 힘든 하루가 나를 기다리고 있을 테지만 간이침대에서의 휴식도 고된 하루의 피곤에 비하면 감사한 일이었다. 예전에는 아빠가 늘 곁에 있어주고 연습이 끝나면 차로 함께 돌아오곤 했기 때문에 견딜 만했는데, 직접 버스를 타고 연습장을 오가며 체력을 다 소모하고 병원에서 동생들의 간호까지 맡게 되니 하루가 너무나 길게 느껴졌다. 하지만 환경을 탓해본다 한들 달라지는 건 아무것도 없었다.

'어차피 환경을 바꿀 수는 없어. 내가 바꿀 수 있는 것은 나 자신뿐이야.'

달라진 환경에 꿋꿋이 적응해나가는 것, 그것이 내가 할 수 있는 전부였다. 나는 더 강해져야 했다. 변하지 않으면 살아남을 수 없었다.

이른 새벽이면 누가 깨우지 않아도 저절로 눈이 번쩍 떠졌다. 온몸이 피곤에 절어 물 먹은 솜처럼 무거웠지만 '현실에 대한 자각'은 언제나 나를 일으켜주었다. 잠이 깨면 나는 벌떡 일어나 곧장 연습장으로 발길을 재촉했다. 연습만이 나와 우리 가족의 유일한 돌파구였다.

'성공할 수 있게 해주세요. 우리 가족이 다시 희망을 찾을 수 있도록 제게 힘을 주세요.'

연습을 하는 순간에도 나는 마음속으로 끊임없이 외쳤다.

'이제 다음 기회란 건 없어. 어떤 대회에서도 이기는 게임을 해야만 해.'

나는 스스로를 벼랑 끝에 세웠다. 그리고 더욱 세차게 몰아붙였다. 알고 있었다. 지금 한 발만 잘못 디디면, 단 한순간이라도 마음이 흐트러지면, 우리 가족 모두가 곧장 나락으로 떨어질 벼랑 끝에 서 있다는 것을. 늘 그렇게 자신을 다독였다. 조금이라도 빈틈이 생기거나 해이해지지 않도록, 지치지 않도록, 철저하게 마음을 다잡았다.

예전에는 실수를 하면 '다음에 잘하면 되지'라고 느긋하게 생각하곤 했다. 하지만 엄마의 죽음을 계기로 나는 달라졌다. 똑같은 일을 해도 어떤 자세로 임하느냐에 따라 180도 다른 성과가 나온다는 것을 그때 처음 깨달았다. 그러니까 그냥 열심히 하는 것만으로는 부족했던 것이다.

목표의식 없이 그저 아빠가 시키는 대로만 골프를 치던 신지애, 가슴속에 간절한 소망을 품은 신지애, 두 사람은 같은 이름을 가졌지만 사실 전혀 다른 사람이었다. 나는 다른 신지애가 되어가고 있었다.

인생의 어떤 경험도, 심지어 아픈 상처나 시련조차도 의미 없는 것은 없다. 엄마의 죽음은 나에게 씻을 수 없는 상처와 아픔을 남겼지만 나는 그 시련을 통해 더욱 강해졌다. 그것은 아픈 만큼 값진 경험이었다.

"실력을 갖추고도 우승하지 못한 것은 우승을 해본 경험이 없기 때문이다. 전국대회에서 단 한 번만이라도 우승하게 되면 그다음부터는 물 만난 물고기처럼 모든 기록이 일취월장하게 될 거다."

아빠는 그렇게 말했다. 하루하루 착실하게 기록을 다져온 나였지만 전국대회라는 벽은 여전히 내 앞을 막아서고 있었다. 전국대회 우승을 해야 국내 최정상에 설 수 있는데 나는 유독 그 대회와 인연이 없었다. 2000년 여름 대구 컨트리클럽에서 열린 '제7회 송암배 아마추어골프선수권대회'를 시작으로 전국대회에 여러 번 도전했지만 번번이 우승을 놓쳤다. 그리고 2004년 5월, 다시 전국대회가 다가오고 있었다. 나는 마음속으로 굳은 각오를 다졌다.

'이번에는 반드시 전국대회 우승이라는 산을 넘을 테다!'

드디어 대회 날. 엄마가 돌아가시고 반년째 동생들과 병원에서 숙식하며 힘들게 연습을 계속하던 때였다. 온몸에 팽팽한 긴장감이 흘렀다. 겉으로 표현하지는 못했지만 나는 우승에 목이 말라 있었다. 내 앞을 가로막고 서 있는 막막한 현실을 뛰어넘고 싶었다.

문득 처음 전국대회에 나가던 무렵의 일이 떠올랐다. 엄마가 싸주

신 김밥을 들고 새벽 두 시에 집을 나서던 일, 숙박비를 아끼느라 밤새 달려와 라운딩도 못해보고 경기에 나간 일, 프로 선수들에게 비싼 코치를 받아가며 출전한 선수들을 보고 주눅 들었던 일. 그게 벌써 4년 전의 일이었다.

'이번 전국대회만큼은 반드시 이기는 게임을 해야 해. 하늘에 계신 엄마에게도, 병원에서 나를 기다리는 동생들에게도, 꼭 기쁜 소식을 전해주고 말 거야! 다음 기회는 없어. 단번에 이겨주겠어!'

첫 홀, 티샷을 하는 첫 순간. 나는 언제나 그 순간이 좋았다. 티샷을 하기 전 다시 한 번 가족들의 얼굴을 떠올렸다. 그러자 더 이상 아무것도 두렵지 않았다.

마지막 홀이 끝나자 갤러리들의 환호성이 들렸다.

"와, 신지애 선수 우승 확정입니다!"

경기를 마치고 나오자 기자들이 몰려들었다.

"신지애 선수, 드디어 전국대회에서 우승을 차지했는데요, 소감 한 마디 해주세요."

비록 프로대회는 아니었지만 국내에서 전국대회 우승은 큰 의미를 가지고 있었다. 게다가 엄마의 사망과 동생들의 사고 소식이 이미 언론을 통해 알려졌기 때문에 나의 우승을 점친 사람은 아무도 없을 터였다. 모두들 유망주 신지애는 끝났다고 생각했을 것이다. 기자들의 질문에 나는 이렇게 대답했다.

"돌아가신 엄마와 병상의 두 동생을 생각하며 열심히 뛰었습니다. 곁에서 늘 힘이 되어준 아버지께 감사하며 동생들이 하루빨리 완쾌되어 예전처럼 화목하게 모여 살았으면 좋겠습니다."

엄마가 돌아가신 이듬해 봄이었다.

따뜻한 햇살이 나를 비추고 있었다. 드디어 나를 가로막고 있던 벽을 넘어섰다. 그 우승은 나에게 하나의 상징이었다. 더 높이 도약하기 위해 반드시 넘어야 하는 관문, 그토록 멀게만 느껴지던 전국대회 우승을 드디어 이뤄낸 것이다.

다른 선수들은 국가대표 선발 포인트를 많이 받을 수 있는 대회를 주로 골랐지만 아빠는 일부러 내 또래 국가대표나 상비군 주니어들이 많이 참여하지 않는 경희대 총장배 전국학생 골프대회를 선택했다. 그리고 그 선택은 옳았다.

나는 마지막 날 3라운드 합계 9언더파 207타로 다른 경쟁자들을 제쳤다. 2등과 무려 아홉 타나 차이가 나는 월등한 성적이었다. 아빠는 클럽하우스 뒤에서 콘크리트 바닥에 주저앉아 소리 죽여 울었다고 한다.

일정을 마치고 돌아오는 길, 아빠는 차 안에서 말했다.

"지애야, 아홉 타나 차이 나게 우승했으니 대단하지 않냐? 참 아깝다. 이 정도 스코어면 나연이나 인경이가 나왔더라도 우리 지애가 우승했을 텐데."

나는 아무 말도 하지 않았다. 나에게 자신감을 불어넣어주기 위해 하는 말이라는 것을 잘 알고 있었다. 최나연 프로는 당시 제일 잘 나가던 최고의 선수였다. 비록 최고 선수가 빠진 전국대회였지만 아빠의 예상대로 전국대회 우승은 나에게 큰 자신감을 안겨주었다. 당당하게 징크스를 깨부수고 막혀 있던 터널을 뚫고 나온 기분이었다. 언론에서는 '역경을 이겨내고 우승한 골프 소녀'라며 떠들었다. 국내무대에서의 활동이 본격적으로 시작되고 있었다. 가진 것이라곤 낡은 골프채와 내 몸 하나뿐이었지만 나는 누구보다 뜨겁게 타오르고 있었다.

전국대회라는 산을 한번 넘어서자 기록에도 가속이 붙었다. 그해 나는 세 번이나 더 우승을 차지했다. 경희대 총장배 전국대회를 시작으로 제4회 한미 전국학생골프선수권대회, 제8회 익성배 매경아마추어골프선수권대회, 제85회 전국체육대회 골프 여자부에서 연달아 우승한 것이다. 당시 주니어 선수들 가운데 최다승의 기록이었다. 결국 나는 상비군 선발 일 년 만에 정식으로 국가대표가 되었고, 그다음

해에도 강민구배 한국여자아마추어골프선수권 대회, 제23회 한국주
니어골프선수권대회, 송암배 아마추어골프선수권대회 등 굵직굵직
한 대회에서 모두 우승함으로써 불과 2년 사이에 6승이라는 엄청난
기록을 세웠다.

하나의 벽을 넘으면
새로운 기회가 열린다

　승승장구하며 화려한 고교시절을 누리고 있었지만, 프로대회인 오픈 대회에 나가보지 못한 것은 두고두고 아쉬움으로 남아 있었다. 당시 인연을 맺고 있던 전현지 코치가 몇 번이나 추천을 해주었지만 기회는 좀처럼 오지 않았다. 나보다 랭킹에서 뒤처진 선수들도 프로대회에 초청을 받아 출전하곤 했는데 아마추어 랭킹 1위인 내가 초청을 받지 못하고 있으니 왠지 모르게 열등감도 느껴지고 적잖이 답답했다. 골프의 꽃은 역시 프로대회인데, 나는 아직 그 세계에 발조차 들여놓지 못하고 있었다. 내가 우울해하자 아빠가 위로의 말을 건넸다.

　"지애야, 아빠가 돈도 없고 백도 없어서 프로대회에도 내보내지 못하고 있구나. 하지만 우리는 하나님이라는 가장 든든한 지원군을 가지고 있지 않니. 그분께서 우리를 더 좋은 길로 인도해주실 것이다. 아빠는 그렇게 믿는다."

　나는 고개를 끄덕였다.

　"우리가 처음 골프를 시작하던 때를 한번 생각해봐라. 집안에 있던 전 재산 500만 원을 털어서 시작하지 않았니. 언제 한번 제대로 밥이

나 사먹을 수 있었니? 엄마 돌아가셨을 때도 조의금 들어온 거 다 모아서 겨우 마련한 1900만 원으로 다시 일어섰잖니. 그때 아빠가 뭐랬니? 붕어빵 장사라도 해서 버티겠다고 했잖아. 하지만 지나온 시간을 돌아보면 하나님은 아빠가 붕어빵 장사를 하지 않아도 되도록 이끌어주셨다. 넌 꿈에 그리던 전국대회 우승을 차지했고, 고교 첫 해에 아마추어 3관왕이 되어 랭킹 1위에도 올랐지. 앞으로도 그럴 거야. 지금은 기회가 오지 않아 답답하겠지만 조금만 참고 기다리면 곧 새로운 길이 열릴 거다."

아빠의 말이 옳았다. 기회가 오리라 믿고 기다리는 수밖에 없었다. 그러던 어느 날 용인에서 아마추어 대회 중의 하나인 한국주니어골프선수권대회에 참여하고 있을 때였다. 그 대회에서도 선두를 달리고 있었는데 우승을 확정 지은 마지막 순간 경기장으로 전화가 걸려왔다.

"신지애 골퍼, 전화 받으세요. 급한 용건이랍니다."

방송을 듣고 나는 우승의 기쁨을 안은 채 달려갔다.

"네, 신지애입니다."

"여기는 KLPGA입니다. 'SK엔크린 인비테이셔널 대회'에 초청되었습니다. 오늘 중으로 참가비를 입금하고 출전신청서를 작성해서 팩스로 보내주십시오."

"네? 제가 초청되었다고요?"

갑작스런 결정을 전해 듣고 나는 눈을 번쩍 떴다. 대회 우승보다도 더 간절하게 기다리던 소식이었다. 곁에 있던 아빠에게도 기쁜 소식을 전했다.

"아빠, KLPGA에서 프로대회에 저를 초청한대요."

"뭐?"

백이 없어도 돈이 없어도 그렇게 새로운 기회가 내게 손짓을 하고 있었다. 아빠가 말했다.

"지애야, 승부는 바로 지금부터다!"

2005년 9월 9일. 나는 그날을 잊지 못한다.

SK엔크린 인비테이셔널 여자골프대회 첫날, 나는 김송희 선수와 나란히 4언더파를 쳐 공동 선두에 올랐다. 언론에서는 아마추어가 돌풍을 일으켰다며 나를 주목했다. 경기 둘째 날에는 2위와의 격차를 벌리며 우승을 눈앞에 두었다. 경기 마지막 날, 나는 선두로 출발했지만 많이 긴장하고 있었다. 그 때문이었는지 12번 홀에서 실수를 해서 더블보기를 범하며 위기를 자초하기도 했다. 여전히 순위로는 선두였지만 긴장된 순간이었다. 한 타 한 타를 칠 때마다 온몸에 땀이 송골송골 배어나왔다. 경기 도중에 틈틈이 하늘을 올려다보며 간절한 기도를 올렸다.

'괜찮아. 선두잖아. 추격당하고 있지만 넌 할 수 있어.'

그렇게 스스로를 다독였다.

마침내 18번 홀, 중후반까지는 조금 여유가 있었는데 2위 선수가 막판에 연속 버디(birdie, 기준 타수보다 하나 적은 타수로 공을 홀에 집어넣는 일. 타수가 적을수록 높은 점수를 받음)를 하면서 한 타 차까지 따라붙었다. 남은 거리는 불과 85야드, 오르막에는 벙커가 있었다. 쉽지 않아 보였다. 그때 캐디를 해주던 아빠가 말했다.

"지애야, 파만 하면 우승이다. 그러기 위해서는 무조건 저 벙커를 넘겨야 한다. 그러니까 3~5야드 정도 더 길게 보고 쳐라!"

움푹하게 파인 벙커. 거기에 볼을 빠뜨렸다가는 큰일이었다. 나는 아빠의 말에 고개를 끄덕이며 벙커를 바라보았다. 그리고 마지막 타를 치기 전에 다시 한 번 하늘을 올려다보았다.

'엄마, 보고 계시죠? 끝까지 잘해낼 수 있게 도와주세요!'

모든 사람들이 숨을 죽이고 나를 바라보는 긴장된 순간, 세컨드 샷을 날렸다.

휘익!

바로 다음 순간 볼이 떨어진 지점에서 함성이 터져나왔다. 내가 성공시킨 게 분명했다. 아빠가 그린으로 달려갔다. 내가 날린 볼은 홀컵 5센티미터 위치에 바짝 붙어 있었다.

"지애야, 이번 경기 정말 잘해왔다. 이제 마지막 순간이다."

아빠가 흥분된 목소리로 말했다. 프로대회에서의 첫 우승을 바로 눈앞에 둔 순간이었다. 프로대회에서의 첫 우승, 그것은 앞으로 골프 선수 신지애의 길이 열리는 것을 의미했다. 남은 것은 단 5센티미터. 나는 최선을 다하기 위해 홀컵으로 다가갔다. 그리고 긴장을 놓지 않고 마지막 퍼팅을 했다.

'가라, 나의 볼!'

볼은 5센티미터를 굴렀다. 그리고 댕그랑!

볼이 홀컵 안으로 들어가는 낭랑한 소리가 귓가를 울렸다. 가슴이 세차게 두근거렸다. 관중석에서는 또다시 환호성이 터져나왔다. 아빠가 나를 향해 소리쳤다.

"지애야, 네가 우승이다!"

나는 한국여자프로골프(KLPGA) 최고 상금이 걸린 SK엔크린 인비테이셔널에서 내로라하는 프로선수들을 제치고 정상에 올랐다. 당시 10회째 열린 그 대회에서 아마추어 우승자는 내가 처음이라고 했다. 영광의 순간이었다. 나는 결국 참았던 눈물을 하염없이 쏟아냈다. 스파르타식 훈련에 힘들었던 순간들, 엄마에 대한 진한 그리움, 사고로 병원에 누워 있는 동생들을 바라보아야 했던 그 아픔들, 그 속에서 목표를 이뤄낸 기쁨은 이루 말할 수 없을 만큼 크고 감격스러운 것이었다. 아빠가 눈물을 감추고 고개를 숙인 채 조용히 빠져나가는 게 보였다. 아마 내 앞에서 약한 모습을 보일 수 없어서였을 것이다. 하지만 말하지 않아도 아빠의 마음을 알 수 있었다. 목소리가 들리는 듯했다.

'지애야, 이제 됐다. 지애 엄마, 우리 지애가 드디어 해냈어!'

어렵게 전국대회 우승을 차지한 지 일 년 만이었다. 그것은 골프를 통해 우리 가족의 미래를 다시 열어갈 수 있게 되었다는 것을 의미했다.

"아빠, 난 2006년 아시안게임에 도전할래요. 아시안게임에서 금메달을 따고 싶어요!"

프로대회 첫 우승을 따낸 나의 다음 목표는 아시안게임이었다. 국가대표라면 누구나 꿈꾸는 목표인 것은 틀림없었다. 그것은 올림픽에서 금메달을 따는 것과 같은 큰 영예였기 때문이다. 하지만 아빠의 생각은 달랐다.

"지애야, 언제까지 아마추어로 남아 있을 수는 없어. 하루라도 빨리 프로로 전향하는 게 좋지 않겠니?"

아시안게임에 나간다는 것은 아마추어로 좀 더 활동하겠다는 의미였는데, 아빠는 내가 하루라도 빨리 프로로 전향하기를 바랐다.

"사실 SK엔크린 인비테이셔널 대회에 초청받았을 때부터 내심 기뻤다. 너도 알다시피 프로대회에 초청받았을 때 우승을 하면 단번에 프로로 진출할 수 있지 않니. 결국 그 대회에서 우승한 덕에 프로로 진출할 수 있는 길이 열렸다. 그런데 굳이 아마추어에 머물러 있을 필요가 있겠니?"

아빠의 뜻을 모르는 것은 아니었다. 아마추어 세계에서는 아무리 우승을 해봤자 돈을 벌 수 없었지만 프로의 세계는 달랐다.

보통 프로로 진출하려면 프리테스트를 보아 합격한 다음 '세미프로'로 일 년을 보내고 그 이듬해에 정회원이 될 수 있었다. 최소한 2년 정도가 걸리는 과정이다. 하지만 프로대회에 나가서 우승을 하면 테스트 없이 바로 정회원이 될 수 있기 때문에 굳이 2년이란 시간을 기다리지 않아도 되었던 것이다. 하지만 나는 국가대표였고 아시안게임에서 금메달을 한번 따보고 싶었다.

"아빠, 어렵게 국가대표가 되었는데 이대로 포기하기엔 너무 아까워요. 아시안게임에서 금메달을 따도 프로 정회원 자격이 주어지니까 그때 프로로 전향하면 되잖아요."

하지만 아빠는 나를 설득했다.

"아시안게임을 마치고 프로로 간다면 최소한 2년은 더 아마추어로 있어야 해. 하지만 그러기엔 우리 형편이 넉넉지 못하다는 걸 너도 잘 알잖니. 경기에 한번 나가려고 해도 참가비 구하기도 힘들고⋯⋯. 언제든 돈 문제로 골프를 그만둘 위기에 놓일 수 있는 게 우리 현실이야. 이런 열악한 환경에서 2년은 너무 긴 시간이다. 다행히 프로로 전향할 수 있는 기회가 찾아왔는데 그 기회를 놓칠 수는 없지 않니?"

나는 망설일 수밖에 없었다. 프로의 기회가 열렸는데 그 기회를 버리고 아시안게임으로 간다는 것은 사실 모험이기도 했다. 두 가지 모두를 가질 수는 없었다.

　어떤 선택이 옳을 것인가. 어떤 선택을 해야 조금 더 빨리 세계적인 골퍼로 성장할 수 있을 것인가. 아시안게임에 참가하고 싶다는 욕심 때문에 감정적으로만 판단할 일은 아니었다. 의욕을 앞세우기보다는 전략적으로 판단해야 했다.
　'아시안게임이 내게 얼마나 중요한가? 그것을 선택할 경우 나는 어떤 기회를 잃는 것일까?'
　아시안게임에 나가 금메달을 딴다 해도 2007년을 그냥 보낸 후 2008년에야 본격적으로 프로대회에 나갈 수 있었다. 아무리 훈련을 강행한다고 해도 일 년이나 프로로서 실전 감도 익히지 못하다가 2008년에 활동하면 그 결과를 장담하기 힘들었다. 하지만 아빠 말대로 바로 프로로 전향하면 곧 있을 2005년 시드전에 나가 2006년부터는 본격적으로 프로대회에서 뛸 수 있었다. 절정에 오른 감각을 그대로 살릴 수 있었다. 지금 당장 뛰어들 것인가, 2년 후로 미룰 것인가. 2006년과 2008년, 그 선택의 중심에 아시안게임이 있었다. 퇴원한 동생들이 단칸방에서 고달프게 생활하고 있는 참담한 현실 또한 무시할 수 없었다. 2년 후로 미루면 동생들의 고생도 그만큼 길어지는 것이었다.

'아시안게임을 포기하겠어. 난 프로로 바로 간다!'

결국 나는 아시안게임이라는 개인적인 희망을 접었다. 골프가 인생과 같은 것이라면 인생은 게임이었다. 이기는 게임을 위해서는 나머지 것들은 포기하고 한 가지에 집중해야 했다.

당시 국가대표 중 금메달 유망주이던 내가 아시안게임을 접고 프로로 전향할 의사를 전하자, 대한골프협회에서는 비상이 걸렸다.

"아니, 국가대표 랭킹 1위가 아시안게임에 나가지 않고 바로 프로로 전향하겠다니! 아시안게임에서 메달은 누가 딴단 말입니까?"

아빠는 나를 설득했듯 골프협회 측에 간곡한 사정 이야기를 하고 허락을 받아냈다. 그리고 2005년 11월 3일, 나는 아빠와 함께 한국여자프로골프협회를 방문, 정회원으로 등록함으로써 프로의 길을 선택했다. 아마추어 초청 선수로 출전했던 SK엔크린 인비테이셔널에서 우승컵을 차지한 지 두 달 만이었다.

"신지애 골퍼, 프로 전향!"

"SK엔크린 인비테이셔널에서 우승을 차지해 프리테스트 면제 받은 신지애, 프로로 나서다!"

언론은 아마추어 랭킹 1위 선수의 프로 전향 소식을 알렸고 나는 그해 시드전에 나가 순위권에 랭킹됨으로써 2006년 KLPGA 투어 자격을 따게 되었다.

'프로골퍼로서 내 청춘을 걸겠어. 모든 것을 다 잘할 수는 없어. 단 하나의 목표에 나의 모든 에너지를 쏟아 부을 거야!"

아시안게임이라는 가보지 않은 길에 대한 미련이 없는 것은 아니었다. 하지만 이제는 새로운 목표인 프로 리그 KLPGA가 나를 기다리고 있었다. 더 치열하고 더 감각적인 프로의 세계! 나는 아시아가 아니라 보다 넓은 세상을 바라보았다. 2006년이 나를 기다리고 있었다. 아니, 내가 2006년을 향해 걸어 들어가고 있었다.

"다른 사람의 말은 중요하지 않았다.
중요한 것은 지금 나에게 무엇이 필요한지에 대한
냉정한 판단과 해내려는 나의 의지였다.
나는 스스로에게 다짐했다.
나는 물러설 곳이 없다. 나는 프로다. 그리고 가장이다!"

4장

흔들리지 마,
중심은
내가 잡는 거야!

나는 프로다, 나는 기장이다

프로 전향! 그것은 나에게 일생일대의 전환점이었다. 프로로 전향한다는 것은 모든 것을 지원 없이 해결해야 한다는 것을 의미했기 때문이다. 아마추어 선수는 여기저기서 지원이나 도움도 받을 수 있지만 프로는 재정적으로 완전한 홀로서기를 해야 했다. 대회에 나가 상금을 타거나 스폰서를 구하지 못한다면 그 어떤 지원도 바랄 수가 없었다. 쉽게 말해 돈 때문에 골프를 그만두어야 할 수도 있는 상황이었다.

당시 나는 프로대회에 정식으로 나가본 적이 없어서 상금은 꿈도 꿀 수 없는 상황이었고, 유명하지도 않아 스폰서도 기대하기 어려웠다. 2005년의 겨울, 마치 한 발도 앞으로 나가지 못하고 있는 듯한 불안감이 나를 엄습했다.

'아무런 준비도 없이 내년을 맞을 수는 없어. 겨울 동안 제대로 훈련을 해야 하는데……'

이렇게 걱정하며 하루하루를 보내던 어느 날 아빠가 비장한 결심을 한 사람처럼 나를 불렀다.

"지애야, 아빠가 어렵게 마이너스 통장을 만들어서 1000만 원 대출을 받았다. 우리 이 돈 털어서 동계 훈련 가자!"

"네?"

나는 깜짝 놀라 되물었다.

"네 동생들도 데리고 가자. 우리 가족은 늘 함께 있어야 해. 병원에서 일 년 동안이나 누워만 있던 애들인데, 이번에 데리고 나가서 견문도 넓혀주고 다시 새로운 계획을 세울 힘도 줘야지."

"하지만, 그 돈을 다 써버리면 동계 훈련이 끝난 다음에는 어떻게 하시려고요?"

나는 걱정이 앞섰다. 빚을 내서 동계 훈련을 가려니, 그다음 일이 막막하기만 했다. 나는 그때까지 동계 훈련을 제대로 가본 적이 없었다. 고작 다른 선수들 사이에 어정쩡하게 끼어서 겨우 따라가거나, 상비군 훈련이나 국가대표 훈련에 단체로 참여한 것이 전부였다. 다른 선수들처럼 사비를 들여 따뜻한 외국에서 집중적인 훈련을 해본 적은 단 한 번도 없었다. 하지만 이번에는 달랐다. 동계 훈련을 가고 싶었다. 아니, 가야했다. 그래야 내년을 기대할 수 있었다. 프로로 전향한 후 첫 겨울을 필드에도 나가보지 못하고 허송세월할 수는 없었다. 그런 상태로는 치열하고 냉혹한 프로의 세계에서 살아남을 수가 없었다. 아빠의 마음도 나와 같았으리라.

"지애야, 우리가 처음 골프를 시작할 때도 전 재산을 다 털어서 했잖니. 돈 때문에 머뭇거릴 수는 없다. 열심히 하다 보면 방법이 생길 거야. 네가 우승 실적을 가지고 프로로 전향했으니 곧 스폰서가 생길지도 모르고, 또 대회에 나가서 상금을 타면 되잖니!"

그래, 다른 선택의 여지는 없었다. 무조건 밀고 나가는 수밖에. 그것이 나와 내 가족이 살 수 있는 유일한 길이었다.

"알았어요, 아빠! 어떻게 해서든지, 하루라도 빨리 상금을 탈 수 있도록 최선을 다할게요!"

나도 모르게 주먹을 불끈 쥐었다.

'나는 프로 골퍼다, 나는 가장이다!'

나는 그 말을 혼자서 곱씹고 또 곱씹었다.

결국 우리 가족은 필리핀으로 동계 훈련을 떠났다. 통장 잔고는 마이너스 1000만 원! 하지만 마음속에 희망만은 가득했다. 필리핀, 그곳에서 우리 가족은 새로운 희망의 씨를 뿌렸다.

필리핀은 인건비가 저렴한 편이었기 때문에, 아빠는 내게 영어과외 선생님을 붙여주었다.

"언젠가는 세계무대로 가야 한다. 한국 최고가 아니라 세계 최고를 노린다면 그때를 대비해서 반드시 영어를 배워둬야 해."

과외교사는 물론 집안일을 돌봐주는 도우미들도 한국말을 전혀 하지 못했기 때문에 나는 오직 영어로만 의사소통을 해야 했다. 골프 실력은 물론 영어 실력도 함께 쌓을 수 있는 기회였다.

나는 또 하나의 도전을 준비하고 있었다. 바로 대회 출전이었다.

"지애야, 아시아 투어에 나가자! 알고 있지?"

나는 고개를 끄덕였다.

아빠는 필리핀으로 출발하기 전부터 미리 협회에 들러서 아시아 투어를 신청해두었다. 나도 이미 그것을 알고 있었다. 처음 아빠가 대회 출전 이야기를 꺼냈을 때는 동계 훈련 중에 대회에 출전한다는 것이 그리 바람직해 보이지 않았다. 훈련에만 집중하는 것이 훨씬 나을 것 같았다.

"동계 훈련 중인데 시합에 나간다구요?"

"훈련만 반복한다고 실력이 향상되는 것은 아니라는 걸 너도 잘 알잖니. 실전에 나가보지 않고서는 정확한 감각을 기를 수 없어. 훈련으로 되는 게 아니란 말이지."

아빠의 말이 옳았다. 또 대회에 나가서 뜻밖에 좋은 성적을 거두면 상금도 탈 수 있다는 것도 우리로서는 무시할 수 없는 점이었다. 우리 가족은 모든 것을 걸고 빚까지 내어 필리핀에 왔고, 빈털터리로 한국에 돌아가지 않으려면 뭔가 성과를 내야만 했다.

빠듯한 경비를 가지고 동계 훈련에 와서 시합까지 나간다고 하자 필리핀에서 먼저 자리를 잡고 있던 동료 선수의 아버지도 나서서 아빠를 만류했다.

"시합에 나가는 데도 경비가 듭니다. 경비는 경비대로 깨지고 시간은 시간대로 깨져요. 훈련도 제대로 하기 힘들 텐데 뭐하러 힘들게 아시아 투어를 다녀요? 쓸데없는 짓이에요."

하지만 아빠의 생각은 달랐다.

"그냥 샷 연습하고 라운딩 하는 것만으로는 한계가 있어요. 경기에서는 무엇보다 실전 경험이 중요하거든요. 어떤 시합이든 나갈 수 있는 시합은 다 나가는 게 좋습니다. 시합을 뛰면 뛸수록 실력이 더 크게 향상되니까요. 지애가 아시아 투어를 뛰다보면 연습 라운딩을 돌아도 더 신중하게 할 것이고 한 번의 퍼팅을 하더라도 신중하게 하게 될 테니, 시합이 오히려 훈련의 효과를 극대화시켜줄 수 있으리라 봅니다."

결국 나는 프로로서의 첫 시즌을 앞둔 동계 훈련 기간에 아시아 투어에 나가기로 결심했다. 동계 훈련 중의 대회 출전. 그것은 다소 이례적인 일이었다. 하지만 다른 사람의 의견은 중요하지 않았다. 다른 선수들이 어떤 방식으로 훈련하는지도 중요하지 않았다. 중요한 것은 지금 나에게 무엇이 필요한지, 내가 어떤 길을 걸어가야 하는지에 대한 분명한 판단, 그리고 해내고자 하는 강한 의지였다. 나는 다른 선수들과 다른 나의 현실을 마음 깊이 되새겼다.

'흔들리지 마. 나는 물러설 곳이 없다!'

동계 훈련 중에 출전한 첫 프로대회는 대만에서 열렸다. 사실 나에게는 프로대회에 대한 막연한 두려움이 있었다.

'어떤 선수들이 나올까? 프로들은 아마추어보다 경기 운영이 훨씬 뛰어나겠지? 처음 출전하는 내가 그들을 제대로 따라갈 수는 있을까?'

불안감이 엄습할 때마다 나는 동생들을 생각했다. 일 년도 넘게 병원에 누워 있다가 퇴원해서 나를 따라 필리핀에 와 있던 동생들. 아빠의 모든 관심은 오로지 나에게만 쏠려 있었고, 그래서 동생들에게 더 미안한 마음이 들었다.

'이 대회에서 우승한다면……'

나는 수없이 그런 생각을 했다. 동생들이 더 좋은 집에서 더 좋은 교육을 받으며 밝게 자라는 모습, 우리 가족이 엄마가 살아계실 때보다 더 행복하게 살아가는 모습을 상상해보았다. 그리고 이렇게 다짐했다.

"빈손으로 한국에 돌아갈 수는 없어!"

강한 의지로 무장하고 출전한 나는 마침내 첫 프로대회에서 우승을 했다. 물론 세계적인 대회는 아니었지만 프로대회 첫 우승은 내게 반드시 거쳐야 하는 관문을 통과했다는 안도감을 주었다.

"됐어! 좋은 흐름을 타게 된 거야!"

아빠 역시 안도하는 눈치였다. 모든 것을 걸고 필리핀에 왔는데, 훈련도 제대로 못하고 우승도 거두지 못한 채 한국으로 돌아가야 할 최악의 상황을 염려하지 않을 수는 없었을 것이다.

그러나 무엇보다 가장 큰 소득은 프로대회의 실전감각을 경험해본 일이었다. 직접 경험해보니 프로대회는 역시 아마추어 경기와 분위기가 확연히 달랐다. 아마추어 시절에는 친구들이나 또래 선수들과 시합을 하는 경우가 많았지만, 프로대회에서는 난생 처음 보는 외국인들과 우승을 놓고 경쟁해야 했다. 낯선 사람들과 낯선 환경, 낯선 분위기 속에서 흔들리지 않고 집중하며 경기를 풀어가는 연습이 필요했다.

또 프로대회는 순위에 따라 거액의 상금이 오가기 때문에 한 게임의 결과에 가족 전체의 미래가 달려 있다고 해도 과언이 아니었다. 그래서인지 더욱 팽팽한 긴장감이 흘렀다. 돌부처라 해도 그 어마어마한 상금 앞에서는 심장이 벌렁거리고 피가 거꾸로 솟을 수밖에 없으리라. 여러 가지 변수가 펼쳐지는 그린 필드 위에서는 매 순간이 치열한 자기 자신과의 싸움이었다.

하지만 긴장이 더해질수록 긴장감을 즐길 줄도 알게 되었다. 경기에 집중해 들어갈수록 주변의 시선에 신경 쓰지 않고 자신만의 페이스를 유지할 수 있는 힘도 생겼다. 아시아 투어를 돌면서 나는 경기 집중력을 무섭게 길러 나갔다. 필리핀 동계 훈련 동안 나는 몇몇 대회에 더 출전했고 기대 이상의 성적을 거두었다.

한국으로 돌아올 때 우리 가족은 떠날 때보다 더 희망에 부풀어 있었다. 떠날 때는 마이너스 1000만 원에 모든 것을 걸고 있었지만, 돌아올 때는 상금 수천만 원이 수중에 들어 있었다. 우리 가족의 비행기 요금은 물론이고 모든 훈련 경비를 충당하고도 남았기 때문이다.

처음 떠날 때는 아마추어 딱지를 겨우 뗀 햇병아리였지만, 이제 나는 프로대회 우승이라는 경험을 가지고 있었다. 치열한 프로 세계에서의 실전 경험이야말로 가장 값진 성과였다.

한국으로 돌아오는 비행기 안에서 아빠가 말했다.

"지애야, 한국에 돌아가면 KLPGA로 진출하자!"

"네, 그래야죠."

옆에서 듣고 있던 동생 지원이가 밝은 목소리로 말했다.

"언니, 이제 나 공부 열심히 할 거야! 병원에 있는 동안 뒤처진 것들도 다 따라잡을 거야."

지원이는 원래 공부에 그다지 흥미가 없는 아이였다. 하지만 지원이도 엄마의 사고를 계기로 달라지고 있었다. 우리 가족 모두 달라지고 있었다. 강해지고 있었다. 우리는 희망을 잡기 위해, 그리고 그 희망을 현실로 만들기 위해 서로를 응원했다.

한국으로 돌아온 나는 그해 2006 KLPGA 투어에 정식으로 데뷔했다. KLPGA. 그것은 세계무대로 가기 위한 준비 과정이나 마찬가지였다. 투어의 경기 중에서 가장 기억에 남는 것은 그해 6월 경기도 용인에서 열린 제20회 태영배 한국여자오픈 골프선수권대회였다. 직전에 참가한 대회에서 마지막 날 아쉽게 우승을 놓쳤기 때문에 그다음 대회에 임하는 각오는 남다를 수밖에 없었다.

'이번에는 절대로 우승을 놓치지 않겠어!'

그런 의지 덕분인지 나는 대회 첫날부터 단독 선두에 나설 수 있었다. 1라운드에서부터 최나연 선수를 제치고 앞으로 치고 나갔다. 중간에 실수를 해서 순위에서 밀렸을 때는 정신이 아찔하기도 했다. 하지만 나는 당황하지 않고 침착하게 중심을 잡았다.

"더 정확하게, 더 멀리!"

거침없이 아이언 샷을 날렸다. 다른 선수들보다 적은 타로 볼을 컵에 넣어야 했다. 그래야 이길 수 있었다. 남들이 네 번 다섯 번에 홀인(hole in, 그린 위의 공을 홀에 넣는 일)을 한다면 나는 두 번 세 번에 홀인을 하면 되는 거였다.

"신지애 선수, 버디!"

"버디입니다. 2회 연속!"

"아니 3회 연속, 신지애 선수 3회 연속 버디를 잡아냅니다!"

사람들의 관심도 내게 집중되었다. 버디를 잡아낼 때마다 갤러리들의 함성이 볼이 컵에 떨어지는 소리마저 삼켜버리곤 했다.

"와아!"

첫날 선두로 대회를 마치자 기자들이 몰려들었다.

"앞선 대회에서는 우승 문턱에서 좌절해서 무척 아쉬웠습니다. 특히 이번 대회는 상금도 많고 메이저대회인 만큼 더욱 우승에 대한 욕심이 생깁니다. 앞선 대회에서 우승한 안선주 선수는 평소 친하게 지내는 동료이고 내가 따르는 언니이지만 승부만큼은 양보할 수 없어요. 우승도 하고 신인상도 타고 싶습니다."

나는 그 대회에서, 세계적인 투어인 LPGA에서 7승이나 거둔 바 있는 크리스티 커 선수의 추격을 따돌리고 마침내 우승컵을 거머쥐었다. 나는 승부욕에 불타고 있었다. 다른 사람의 시선이나 주변 환경에 영향을 받지 않고 오직 승부에만 집중하고 있었다. 그런 흐름은 계속 이어졌다. 그해 나는 KLPGA 사상 처음으로 5관왕을 차지했다. 신인상, 상금왕, 대상(올해의 선수상), 다승왕, 최저 타수상까지 무려 다섯 개 부문의 상을 휩쓴 것이다.

그해 모든 투어를 마칠 무렵 우리 가족은 단칸방을 벗어나 새 집으로 이사를 가게 되었다.

"54평 아파트로 이사 간다고?"

동생들이 환호성을 질렀다. 아빠와 나는 경기나 연습 때문에 자주 광주 집을 비우곤 했는데 그때마다 두 동생을 집에 남겨두어야 했다. 동생들과 떨어져 있어야 하는 시간이 많아서 마침 수도권으로 이사를 하려고 생각하던 차였다. 그런데 내가 프로 일 년차 대회에서 우수한 성적을 거둬 5관왕을 차지하면서 우리 가족의 오랜 꿈이 이루어지게 된 것이다.

"이제 넓은 집으로 이사 가니까 할머니 할아버지도 함께 살 수 있단다!"

아빠도 기쁜 표정으로 동생들을 향해 말했다. 그리고 나의 어깨를 두드리며 이렇게 말했다.

"지애야, 그동안 정말 고생 많았다. 고맙다. 네 덕분에 우리 가족이 일어섰고, 아빠가 할머니 할아버지를 모실 수 있게 되었다!"

나 역시 보람을 느끼는 순간이었다. 가족의 미래를 담보로 골프를 시작했기에, 나로 인해 가족들의 생활이 조금이나마 윤택해지기 시작한 것이 가장 큰 기쁨으로 다가왔다.

좁은 단칸방에서 다닥다닥 붙어 살다가 수도권의 54평 아파트로 이사를 가니 집이 대궐처럼 느껴졌다. 정신없이 보낸 2006년을 마무리하고 새로운 2007년에 대한 준비를 시작해야 하는 시기였다. 프로 2년차를 준비하는 나의 마음은 설렘과 긴장으로 가득 찼다. 하지만 첫해의 성과가 컸던 만큼 다음에 대한 책임감과 부담감 또한 컸다.

'그냥 하던 대로 계속해서는 안 돼! 한 걸음 더 올라서서 생각해야 해!'

프로 1년차, 그것은 준비운동과 같았다. 2007년에는 본격적인 드라이브를 시작해야 했다. 그래서 더 치밀한 전략이 필요했다. 아빠도 나와 같은 생각이었다. 어느 날 아빠는 나를 방으로 부르더니 내 앞에 세계지도를 펼쳐 보였다. 그 지도를 보는 순간 나는 아빠가 무엇을 말하려고 하는지 직감적으로 알 수 있었다. 가슴이 두근거렸다.

"지애야, 이제 시야를 세계로 넓혀야 해."

처음부터 우리의 꿈은 세계 제패였다. 아메리카 대륙의 한가운데 미국이 있었다. 아빠는 손가락으로 그곳을 콕 짚었다.

"여기다. 바로 여기가 목표야."

아빠의 손가락 끝을 바라보면서 나는 가슴이 뭉클해졌다.

'그래, 내가 갈 곳은 바로 세계무대야. 꿈을 펼쳐가야 할 곳, 세계무대의 중심에 나를 세워야 한다!'

미국의 LPGA는 세계였다. 세계적인 골퍼들이 활약하는 뜨거운 무대, 나는 그곳을 바라보았다. 작은 성공에 만족하지 않고 더 큰 꿈을 바라보고 있었다.

2007년은 처음부터 긴장의 연속이었다. 새해 첫날, 아빠는 내게 이렇게 말했다.

"올해가 정말 중요한 해란다!"

더 이상 긴 말도 필요 없을 정도로 나 역시 잘 알고 있었다. 프로데뷔를 성공적으로 했다고 하더라도 한 해 조금 선전하다가 흐지부지 사라지는 선수들이 얼마나 많은가? 나는 그런 선수로 사라지고 싶지 않았다. 그러기 위해서는 한 단계 올라설 수 있는 발판이 필요했다. 이제까지와는 수준이 다른 선수들의 사이에 끼어들 수 있어야 했다. 그때 아빠의 제안이 내 귀를 번쩍 뜨이게 했다.

"호주에서 유러피안 투어 대회가 두 개나 열린다고 한다. 거기에 나가보자."

유러피안 투어는 필리핀에 머물 당시 나갔던 아시아 투어나 KLPGA와는 수준이 달랐다. 유러피안 투어에는 세계 정상급 선수들이 많이 출전했다. 당시의 나로서는 감당하기 힘든 상대들이었다. 자칫하면 쓰라린 실패의 기억만을 남길 수도 있었다.

"내가 세계적인 선수들과 겨룰 수 있을까요?"

"좀 더 수준 있는 대회를 경험해보는 게 중요하지 않겠니? 설령 성적이 나쁘게 나온다고 하더라도 세계적인 선수들과 기량을 겨루는 동안 안목이 높아질 거다. 그게 지금의 우리에겐 우승보다 더 값진 경험이야."

아빠는 내가 듣고 싶은 이야기를 해주었다. 나는 고개를 끄덕였다. 한 단계 더 높은 수준의 플레이를 직접 보고 경험해보는 게 당시의 나에게는 더 필요한 일이었다.

그래서 우리는 동계 훈련을 하고 있던 근거지인 방콕을 떠나 호주로 날아갔다. 호주여자오픈과 ANZ 마스터스 대회에 출전하기 위해서였다. 세계를 향한 행보가 시작되고 있었다. 비행기 안에서 나는 푸른 바다를 내려다보았다. 드넓게 펼쳐진 도시와 대지를 바라보았다. 세계는 넓고도 넓었다. 눈을 들어 그 머나먼 땅을 보았다. 머잖아 차지하고 싶은 땅!

호주에서의 경기는 나에게 좋은 경험이 되어주었다.

"역시 세계적인 선수는 세계적인 선수야!"

경기 도중 나는 여러 차례 감탄을 내뱉을 수밖에 없었다. 그 대회에서 우승을 한 캐리 웹 선수의 경기 운영은 특히 인상 깊었다. 캐리 웹 선수는 당시 아니카 소렌스탐, 박세리 등과 함께 세계 여자골프계의 3인방 중 하나로 평가받고 있었다.

'정말 감탄할 수밖에 없는 실력이구나. 러프에서의 어프로치, 퍼팅 실력은 내가 도저히 따라갈 수 없는 수준이야.'

나는 아직 실전 경험이 부족한 때여서 볼이 깊은 러프에 들어갈 때마다 힘들어 했다. 그러나 캐리 웹은 여유 있게 볼을 높이 띄우면서 노련하게 러프에서 빠져나오곤 했다. 또한 홀컵에서 5~6미터쯤 떨어진 지점에 다다르면 머뭇거리지 않고 무조건 버디 찬스로 활용했고 실제로 버디를 많이 잡아냈다. 나는 끝까지 따라붙으며 역전의 기회를 노렸지만 뜻대로 되지 않았다.

'이건 실력 차이야. 캐리 웹 선수가 한 수 위라는 걸 인정해야 해.'

우승은 결국 캐리 웹 선수에게 돌아갔다. 그리고 나는 준우승을 했다. 우승을 놓치긴 했지만, 준우승만으로도 그때의 나에게는 기대 이상의 큰 성과였다. 하지만 준우승보다 더 값진 것은 세계적인 선수들을 직접 보고 그들과 기량을 겨뤄본 것이었다. 경기가 끝나자 기자들이 물었다.

"치열한 경쟁을 펼쳤는데 우승을 놓쳐서 아쉽죠?"

난 솔직하게 대답했다.

"오늘은 컨디션도 좋고 기분도 좋았어요. 충분히 우승할 수 있을 거란 자신감이 있었는데 뜻대로 되지 않았습니다. 하지만 캐리 웹 선수의 경기를 보고 느낀 게 많습니다. 강인하고 뚝심 있는 모습에 솔직히 놀랐어요. 내게 무엇이 부족한지를 알게 된 것이 이번 대회의 가장 큰 소득입니다!"

"비록 준우승이지만 이번 대회를 통해 세계무대에서도 통할 수 있다는 걸 느끼지 않았습니까?"

"그렇게 생각하지는 않아요. 국제무대에서 통한다는 것은 우승을 해야 비로소 증명되는 것인데 준우승을 했으니까. 내가 웹 같은 선수를 꺾고 나서야 세계무대에서 통한다고 말할 수 있을 겁니다. 지금은 더 열심히 해야겠다는 생각뿐입니다."

"보완해야 할 점은 무엇입니까?"

"퍼팅과 어프로치샷입니다. 승부를 가르는 순간의 퍼팅은 꼭 성공시켜야 하는데 그런 능력이 아직은 부족한 것 같습니다. 어프로치샷도 다양한 상황에서 핀에 가깝게 붙이는 능력을 더 키워야 할 것 같습니다. 이번에 배운 것들을 바탕으로 계속 도전할 것입니다. 다시 한 번 기회가 주어진다면 이번처럼 우승을 놓치지는 않을 거예요!"

나는 솔직하게 패배를 인정하고 나에게 부족한 점이 무엇인지를 면밀히 분석했다. 또 정상의 기량이란 어떤 것인지, 눈과 귀와 가슴을 활짝 열어젖히고 세계적인 선수들의 모든 것을 보고 배우고 흡수했다. 보는 만큼 안목도 넓어졌다.

그렇게 나는 동남아시아 투어에서 호주, 그리고 세계 각지로 행보를 넓혔다. 세계 어디든지 나갈 수 있는 대회는 다 찾아서 나갔다. 한국 투어만 뛰어도 충분하다고, 내게는 무리라고 말하는 사람들도 있었다. 하지만 내 생각은 달랐다.

'지금 이 수준에 머무르지 않으려면 큰 바다로 나가봐야 해. 나는 더 높이 날고 싶어! 그러기 위해서는 나보다 수준이 높은 선수들과 더 많이 겨뤄보고 그들의 모든 것을 배워야 해!'

당장 눈앞의 성적만 바라보고 골프를 하는 사람은 결코 세계적인 기량에 다다를 수 없다. 바로 눈앞의 우승만을 생각한다면, 이길 가능성이 희박한 강적들과 경기를 하는 것 자체가 어리석은 일처럼 느껴질 수도 있다. 하지만 나는 더 먼 미래를 바라보고 있었다. 그래서 나보다 뛰어난 선수들을 만나며 하나씩 배워나갔다. 주눅 들거나 경쟁을 두려워하기보다는 나 자신을 분석하고 발전시켜 나가는 계기로 삼았던 것이다.

기다려라,
내가 꿈꾸는 세계무대!

세계무대에 서고 싶었다. 물론 아시아 대회도 호주 대회도 모두 의미 있는 경험이긴 했지만, 진정으로 세계 최정상을 노린다면 답은 하나였다.

'미국 LPGA를 뚫어야 한다!'

미국으로의 진출, 그것은 세계무대 한가운데로 진출하는 것을 의미했다. 그러나 무작정 덤빈다고 되는 일은 아니었다. 전략이 필요했다. 문제는 타이밍이었다. 호주 대회에서의 준우승은 나에게 세계무대에 대한 의욕을 더욱 불붙게 해주었다. 마음이 조급해지기도 했지만 그럴수록 자신을 다독이며 되도록 많은 실전 경험을 쌓고자 대회에 출전했다. 그러나 시간이 흐를수록 내 마음은 미국 LPGA를 향해 점점 더 기울었다. 조금씩 때가 무르익고 있다는 느낌이 들기 시작했다. 그런데 미국 진출을 꿈꾸고 있는 내게 아빠는 강한 어조로 이렇게 말했다.

"미국 무대는 처음부터 제대로 치고 들어가자. 미국에는 첫 해부터 우승을 노릴 수 있을 때, 항상 상위권을 유지할 만한 실력을 가지고 있을 때 진출해야 한다. 존재감 없이 중하위권에 머물다가 일 년 지나 20위 안에 들고, 다음해에 10위 안에 들고, 그다음 해쯤에 우승하면 되겠지, 하는 그런 안일한 마음가짐이라면 절대 안 된다. 결국 중위권에서만 맴돌다 끝나는 선수들이 얼마나 많으냐? 서두르지 말고 미국 무대에서 당당히 우승을 노릴 만한 실력이 되었다고 생각될 때 진출하는 거다!"

꿈에 그리던 미국 무대. 당장이라도 뛰어들어 승부를 가려보고 싶은 마음도 있었지만 나는 아빠의 말대로 신중하게 결정하기로 했다.

LPGA에 데뷔할 수 있는 방법은 두 가지가 있는데, Q스쿨이라고 하는 테스트를 통과하는 것과 LPGA 초청대회에서 우승을 하는 것이다. 두 가지 모두 쉬운 길은 아니었지만, 빨리 데뷔를 하고 싶다면 Q스쿨을 통과하는 게 더 나을 듯했다.

그런데 아빠가 뜻밖의 제안을 했다.

"Q스쿨을 거치지 않는 편이 좋겠다."

"Q스쿨을 통하지 않고 미국 무대에 나가자고요?"

Q스쿨을 거치지 않고 미국으로 진출한다는 것은 현실적으로 힘든 일이었다. 미셸 위 선수도, 최경주 선수도 Q스쿨을 피해가지 못했다. Q스쿨, 즉 퀄리파잉 대회(Qualifying Tournament)를 통과해야 다음 시즌 투어에 출전할 수 있었다. Q스쿨은 세계무대를 꿈꾸는 선수들에게 하나의 관문이었다. 최경주 선수는 "인생에서 가장 긴장된 샷은

메이저대회 우승 경쟁을 하던 때가 아니라 PGA 투어 진출 여부가 달린 Q스쿨 마지막 홀에서의 2미터짜리 퍼트였다"고 했다. 대회에 참가하는 선수들의 압박감은 거의 고문을 당한다 해도 좋을 만큼 극심해서, PGA 투어 Q스쿨에 낙방한 후 목숨을 끊는 골퍼가 매년 한두 명씩 나오는 것으로 알려져 있을 정도였다.

"지애야, Q스쿨은 일단 커트라인을 넘어 데뷔한 다음 차근차근 다져가는 방식이다. 대부분의 선수들이 그렇게 Q스쿨을 통과하여 단계를 밟아 올라간다. 하지만 그렇게 해서 최정상까지 가는 경우는 그리 많지 않다. 많은 선수들이 이름 없는 들러리로 머물다가 사라져간다는 것을 너도 잘 알 거다."

아빠의 말이 틀린 건 아니었다. 밑에서부터 한 단계씩 올라가려 하다가 정상에 오르지 못하고 영원히 이류, 삼류로 끝나버릴 가능성도 얼마든지 있었다. 그렇다면 답은 하나, Q스쿨을 거치지 않고 바로 우승을 차지해서 LPGA에 진출하는 길이었다. 나는 아빠의 말을 천천히 헤아리면서 다시 한 번 물었다.

"Q스쿨을 거치지 않는다면 어떻게 LPGA로 나간단 말이에요?"

"너도 이미 알고 있지 않니?"

나는 말없이 고개를 끄덕였다.

"그래! 네가 진짜 LPGA에 진출하기를 원한다면 우승을 해라."

LPGA에서는 일정 역량이 되는 선수들을 지목하여 초청대회를 여는데, 그 대회에 나가서 우승을 하면 LPGA 정회원 자격을 딸 수 있었다. 아빠는 Q스쿨을 거쳐서 하나씩 천천히 해나가기보다는 처음부터 우승을 노려 LPGA에 진출하라는 말을 하고 있었다. 그래야 그 속에서 살아남을 수 있다는 거였다.

나는 스스로에게 물었다.

'과연 세계적인 선수들과 겨뤄서 이길 수 있는가?'

먼저 그 질문에 자신 있게 대답할 수 있어야 했다.

때마침 미국 무대를 경험해볼 수 있는 기회가 생겼다. 2006년 KLPGA 상금왕에게 주어지는 자격으로 2007년부터 미국 대회에 초청받을 수 있었기 때문이다.

그해 6월, 나는 국내에서는 나름대로 "한국여자프로골프의 역사를 새로 쓰고 있다"는 평을 듣고 있었다. 힐스테이트 서경오픈과 비씨카드 클래식에 이어 3개 대회 연속 우승을 해냈는데, 역대 KLPGA에서 3개 대회를 연속 우승한 선수는 96년 박세리와 97년 김미현뿐이라고 언론에서는 대서특필했다.

"골프는 흐름이야. 지금 좋은 흐름을 타고 있으니 조금 이른 감이 있긴 하지만 미국 대회에 도전해보겠어."

나는 3회 연속 우승의 여세를 몰아 미국행 비행기에 몸을 실었다. 겁내지 않고 거침없이 내달린 덕인지 경기 초반에는 단독 선두에 오르기도 하면서 3라운드를 공동 2위로 마쳐 내심 우승까지도 노려볼 수 있었다. 후반에 주춤하여 비록 6위로 아쉽게 끝나고 말았지만 언론에서는 "수준급 실력을 과시하면서 미국 무대 성공 가능성을 보여주었다"고 평했다.

"비록 6위를 했지만 초반에는 선두도 잡아 보았으니 가능성이 있어. 때가 된 건지도 몰라. 이제 미국으로 진출해도 되지 않을까?"

나 역시 언론의 평가처럼 조금 들떠 있었다. 하지만 아빠가 제동을 걸었다.

"네가 처음 나간 LPGA 메이저대회인 크래프트 나비스코에서 15위를 하고 이번 US여자오픈에서도 6위를 했으니 확실히 가능성은 보인다. 하지만 이 경기들은 모두 초청선수로 나간 것이잖니?"

"네."

"그렇기 때문에 그 결과가 진짜 너의 실력이라고 100퍼센트 믿을 수는 없다. 초청선수일 때는 '잘 치면 좋고, 못 치면 본전'이라는 편안한 마음으로 경기에 임할 수 있지만 정식으로 LPGA 무대에서 뛰게 된다면 여러 가지 복합적인 요인들로 압박감이 클 텐데, 그런 상황에서도 이번과 같은 성적을 기대할 수 있겠니?"

"……."

나는 다시 고개를 떨구었다. 마음 같아서는 당장이라도 나가 속 시원하게 한 건 터뜨릴 수도 있을 것 같았지만 냉정하게 생각해야 했다. 간간이 나가본 LPGA 무대나, 호주에서의 대회 등에서 나쁘지 않은 성적을 거두어 나름대로 자신감을 가지고 있었지만 그렇다고 들떠서 경솔하게 판단할 수는 없었다. 세계 정상급 프로들과 겨루어 보았을 때 내게 미숙한 부분이 적지 않았음을 인정하지 않을 수 없었으니까.

분명한 것은 아직 내 실력이 미국 무대에서 우승을 노릴 수준에는 못 미친다는 점이었다. 처음에 아빠와 전략을 세운 대로, 우승을 기대할 정도의 수준이 아니라면 미국 무대에 출전하지 않는 것이 더 현명한 선택이었다.

'꽃마다 피는 시기가 다르고, 꽃마다 자기가 필 때를 골라서 피어난다. 나는 아직 어리고 시간은 많다. 좀 더 다양한 경험을 쌓고 나서 도전해도 늦지 않다. 서두르지 말고 인내하자. 오래 기다리고 버틸 수 있는 힘이 있어야 나중에라도 성공할 수 있다.'

미국 진출을 앞두고 섣불리 나서기보다는 조금 더 기다리기로 했다. 최종 목표는 미국 무대이지만 미국에 가기 전에 한 2년쯤 일본 투어를 경험해보기로 했다. 각 나라마다 그린 환경이 다르기 때문에 일본 투어를 거치면서 보다 폭넓은 훈련을 쌓아나갈 수 있었다. 내게 Q스쿨 따위는 필요하지 않았다.

　'오직 실력으로 미국 무대에서 당당히 우승을 차지하고 세계를 제패하고 말 테다. 기다려라, 미국! 아니, 세계무대야. 언젠가 내가 너의 중심에 서겠다!'

흔들리지 마,
포커페이스 멘탈로 승부한다

"지애야, 올해가 정말 너에게는 중요한 해란다."

아빠는 해마다 나에게 그렇게 말해주었다. 매년 새로운 각오로 새해를 맞곤 했지만 2008년은 특히 더 중요한 해였다. 2년을 기다려온 미국 진출이 바로 코앞으로 다가와 있었다.

나는 1998년 박세리 선수가 LPGA 투어를 제패하는 모습을 보면서 골프선수의 꿈을 키운 박세리 키드 세대였다. 그리고 미국 무대를 기다리면서 국내 대회와 일본 투어를 열심히 뛴 덕에 "국내와 일본에서 상대할 적수가 없다"는 평을 받고 있었다. 그래서 '지존'이라는 별명까지 얻었다. 하지만 세계 대회에만 나가면 제 기량을 다 펼치지 못하는 것이 사실이었다.

"신지애는 국내용이다."

나는 이런 굴욕적인 평가를 받아야 했다. 아무리 국내와 일본 투어에서 우승을 해도 '국내용'이라는 말 앞에서 나는 한없이 작아졌다.

'나는 국내용이 아니야. 때를 기다릴 뿐이야.'

스스로에게 자신감을 불어넣어주기 위해서라도 나는 세계 대회 우승을 차지해야 했다. 그래서 그해 8월 브리티시오픈 대회를 앞두고 나의 긴장은 극에 달해 있었다. 마치 마지막 기회를 앞둔 사람 같았다.

'기회를 놓칠 것인가, 아니면 두 손으로 움켜잡을 것인가. 그 결과가 그동안 내가 흘린 땀이 얼마나 뜨거운 것이었는지 판가름 해주리라!'

브리티시오픈 대회는 그 해 미국 LPGA 투어 시즌 네 번째 메이저 대회로서 세계무대에 본격적인 도전장을 내미는 대회였다. 당시 나는 US여자오픈과 에비앙 마스터스 등에서 꽤 괜찮은 성적을 거둔 후여서 긍정적인 생각을 가질 수 있었다. 그래도 브리티시오픈 우승은 만만한 게 아니었다.

만약 그 대회에서 우승하면 한국 랭킹 1위가 세계에서도 통한다는 것을 확실하게 보여줄 수 있었다. 그러나 만약 실패한다면 나는 또다시 "신지애는 국내용에 불과하다"는 굴욕적인 평을 듣게 될 것이 분명했다.

나는 호흡을 가다듬었다. 긴장은 극에 달해 있었다. 하지만 떨리거나 두렵지는 않았다. 나의 호흡, 나의 심장, 나의 피, 나의 세포 하나하나가 오직 브리티시오픈 대회에 집중되어 있었다.

미국 LPGA의 브리티시오픈 대회는 영국에서 열렸다. 세계 각지의 내로라하는 최정상권의 선수들이 영국으로 속속 모여들었다. 나 역시 영국행 비행기에 몸을 실었다. 아빠는 가족들과 함께 한국에 남았고 난 혼자였다. 출전하는 선수들 한 사람 한 사람을 머릿속에 떠올려보았다. 특히 그날 경계해야 할 선수가 있었다.

그리고 나는 그 선수와 경기 초반부터 맞붙었다.

일본의 후도 유리. 그날의 경기는 그녀와의 게임이었다. 출발은 후도 유리가 앞섰다. 나는 후도 유리에 한 타 뒤진 단독 2위로 4라운드를 시작했다. 하지만 나는 알고 있었다. 가장 중요한 것은 후도 유리가 아니라 나 자신이라는 것을. 내가 중심을 잡고 흔들리지 않는 한, 그리고 내 페이스를 잃지 않는 한, 승산은 있다고 굳게 믿었다.

'한 타쯤 뒤처지는 건 아무것도 아니야. 마지막에 이기는 사람이 진짜 이기는 거야!'

팽팽한 승부가 계속되었다. 격차는 쉽게 좁혀지지 않았다. 후도 유리는 역시 대단한 선수였다. 팽팽한 승부에 틈이 생기기 시작한 것은 5번 홀. 5번 홀은 기준 타가 4로 되어 있는 파4의 홀이었다. 유리를 넘어서는 방법은 단 하나. 4타 전에 홀컵을 잡는 것이었다. 경기가 무르익어갈 즈음 내 볼은 홀컵에서 약 5미터가량 떨어져 있었다. 나는 볼을 한참 동안 바라보았다. 5미터. 한 번에 볼을 컵에 넣기에는 조금 불안한 거리였다. 손에 땀이 배는 것 같았다.

'집중하면 할 수 있다. 이제까지 해왔던 것처럼 편안한 마음으로 내 볼만 생각하는 거야. 후도 유리가 아니라 내 볼만 생각하는 거다.'

나는 마지막 기도를 마치고 스윙 자세를 잡았다. 나뿐만 아니라 한국에서 텔레비전으로 경기를 관람하고 있는 아빠와 동생들, 할머니 할아버지도 나와 함께 기도하고 있으리라. 그리고 하늘에 계신 엄마도.

마치 기지개를 펴듯 힘을 빼고, 편안하게 퍼팅을 했다. 볼이 한참을 굴러가더니 거짓말처럼 홀로 빨려 들어갔다.

"신지애 선수, 5번 홀에서 버디 잡아냅니다! 드디어 후도 유리와 공동 선두로 나섰습니다."

나는 5번 홀에서 버디 퍼팅을 성공시켰다. 1타 앞서가는 후도 유리와 공동 선두가 된 것이다. 후도 유리의 표정이 일그러졌다.

'진짜 승부는 이제부터야. 쫓기는 자보다 쫓는 자가 오히려 더 여유 있는 법이다. 나는 후도 유리보다 더 여유가 있다! 상대의 게임에 신경 쓰지 않겠어. 난 나의 게임을 할 뿐이야.'

후도 유리는 나와 공동 선두가 되자 조금씩 불안감을 드러내기 시작했고, 그럴수록 나는 여유를 찾았다. 그녀는 조금씩 흔들리기 시작하더니 9번 홀에서 퍼팅에 실패했고, 나는 9번 홀에서 다시 버디를 성공시켰다.

"신지애 선수, 드디어 후도 선수를 제치고 단독 선두로 올라섰습니다!"

나는 순식간에 점수를 두 타 차로 벌여놓으며 후도 유리를 따돌리기 시작했다. 드디어 브리티시오픈의 하이라이트인 13번 홀. 기준 타가 3인 '파3'의 홀이었다. 그 대회에서 가장 어렵다고 평가받는 코스였다. 나는 두 번째 샷으로 볼을 그린 위에 올렸다. 만약 세 번째 샷으로 볼을 컵에 넣는다면 후도 유리와의 격차는 확실하게 벌어질 것이다.

'나의 볼아, 나이스 샷이야.'

나는 기도하는 마음으로 퍼팅을 했다. 퍼터에 맞은 볼은 마치 물이 흘러가듯 구르기 시작했다, 컵을 향해. 볼에서 눈을 뗄 수 없었다. 바람만 한순간 잘못 불어도 볼은 엉뚱한 흐름을 타고 말 터였다. 그린 위에 풀 한 포기라도 걸리면 볼은 컵이 아닌 다른 곳으로 가버릴 수 있었다. 경기장에 정적이 흘렀다.

'제발, 제발……'

마치 영원과도 같았던 긴 시간이 지나고 경쾌한 소리가 내 귀에 들려왔다.

"땡그랑."

"와아!"

환호성이 터져 나왔다.

"됐어!"

후도 유리와의 격차를 3타 차로 벌려놓은 환상적인 퍼팅이었다. 이제 유리는 나를 따라올 수 없을 만큼 저 멀리로 뒤처졌다. 우승이 거의 확실했다. 그날 마지막 볼이 컵에 들어가는 순간 사람들의 환호성 속에서 나는 나도 모르게 고개를 젖히고 눈을 감았다.

"엄마, 여기는 세계무대의 최전선. 우승이에요! 내가 드디어 해냈어요!"

나는 생애 첫 메이저대회 우승을 확정짓고 경기를 마쳤다. 경기를 끝내자 그동안 참아왔던 모든 감정이 터져 나왔다. 긴장과 설렘이 교차하는 밤이었다. 기자들이 달려와 물었다.

"이번 우승이 당신의 인생을 바꿀 것으로 봅니까?"

"내 인생 전체가 오늘 이 순간을 꿈꿔왔습니다. 그리고 마침내 꿈이 이루어졌습니다. 아직 실감은 안 나지만 앞으로 큰 변화가 있을 것이라 생각합니다."

뉴욕타임스는 이렇게 보도했다.

"한국의 신지애는 아니카 소렌스탐의 마지막 무대에서 화려하게 부상했다. 골프 팬들은 소렌스탐을 잃게 되었지만 그 빈자리를 채울

스무 살의 신지애를 얻었다."

스무 살. 대회 기록사상 최연소 우승이었다. 2008 브리티시오픈 대회는 골프 여제 아니카 소렌스탐의 공식적인 마지막 무대로 주목 받았고, 한국 선수의 최연소 우승은 더욱 화제가 되었다. 나는 브리티시오픈 우승을 통해 '국내용'이라는 굴욕을 깨끗하게 씻어낼 수 있었다. 한국 랭킹 1위가 세계무대에서도 통할 수 있다는 확실한 자신감을 얻었다.

언론에서 주목한 것처럼 나의 우승은 한국 골프의 위상을 높인 일이기도 했다. 미국 LPGA에 등록조차 되지 않은 선수가 LPGA 초청대회, 그것도 메이저대회에서 우승을 했기 때문이다. 미국 Q스쿨을 거치지 않고 당당하게 실력을 인정받을 것이었다.

"신지애 선수, 드디어 미국 무대에 진출!"

브리티시오픈에서 우승을 하자 내가 다음해부터 미국에 진출할 것이라는 추측성 기사가 나오기 시작했다. 나도 조금 들뜬 기분이 되었다. 초청선수 자격으로 출전했던 이 대회에서 우승함으로써 다음해인 2009년 LPGA 전 대회 출전 자격을 획득할 수 있었기 때문이다. 하지만 아빠는 또 다시 제동을 걸었다.

"지애야, 인터뷰할 때, 미국 무대에 진출한다는 말은 성급하게 하지 마라."

"하지만, 아빠. 이제는 미국 무대에 진출해도 되지 않을까요?"

"온전히 실력으로 우승했다고 장담할 수는 없는 거잖아. 운이 좋아서 우승을 했을 수도 있고, 다른 선수들이 못해서 네가 우승을 했을 수도 있어. 그러니 들뜬 마음을 가라앉히고 원래 계획대로 일본 투어에 계속 집중한 다음에 나가는 게 좋을 것 같다. 아직은 조금 부족해!"

"아빠!"

나는 먼저 아빠를 설득해야 했다. 아빠도 설득하지 못하면서 세상의 인정을 받을 수는 없었다. 그래서 더 이를 악물고 경기에 집중했다. 한번 우승의 물꼬를 트니 자신감이 붙어 더 좋은 성적을 거둘 수 있었다. 나는 일본에서 열린 미즈노오픈과 ADT 챔피언십에서 모두 우승을 거머쥐었다. 브리티시오픈 우승까지 굵직한 세계 대회에서 세 번이나 우승을 한 것이다. 그러자 드디어 아빠가 말했다.

"이제 더 이상 망설이지 말자. 한 번이라면 운이나 우연으로 우승할 수 있다고 생각하겠지만 연속 세 번이나 우승한 것을 보면 운이 아니라 진정한 실력이 갖추어진 것 같다. 완벽하지는 않겠지만 부족한 부분은 실전을 통해서 채워나가면 된다. 미국으로 가자!"

아빠의 말에 나는 가슴이 두근거렸다.

"이제 미국 무대에 설 수 있어! 때가 된 거야! 흔들리지 않고 가겠어. 조금 잘 풀린다고 자만하지 않고, 조금 힘들다고 좌절하지도 않을 거야. 일희일비 하지 말고 나의 길을 걸어가자. 내 꿈을 향해 가는 길, 중심은 내가 잡는 거야. 흔들리지 않는 강한 멘탈로 승부하겠어."

우리는 일본에서 활동하려던 계획을 바꿔 미국 무대에 진출하기로 했다. 기다리던 미국 무대, 섣불리 도전하기보다는 탄탄한 실력을 갖추고 도전하겠다는 전략으로 미뤄온 미국 무대였기에 가슴이 더 설레었다. 나는 주먹을 꼭 쥐었다.

꿈의 무대, 나는 미국 LPGA를 향해 한 걸음 한 걸음 다가가고 있었다.

"부러우면 지는 거다. 예선에서 탈락했다고 허둥대면 지는 거다.
승부의 기회는 또 있다! 이번에는 내가 졌지만, 다음에는 지지 않을 테니까.
언젠가는 이길 테니까!"

5장

정상은
차지하는 것보다
지키는 것이
더 어렵다!

모든 준비가
완벽하다고 생각했지만

2009년, 나는 꿈에 그리던 미국 무대 데뷔전을 앞두고 있었다. 브리티시오픈 대회 등 여러 번의 우승 기록에 나는 상당히 고무되어 있었고 또 자신감에 가득 차 있었다. 마치 어린이날을 기다리는 어린아이처럼 데뷔전을 앞두고 설레기도 했다.

"2009년부터는 미국 LPGA투어를 중점적으로 뛸 것이다. 일본에서 뛰는 언니들이 '일본으로는 절대로 오지 말라'고 그랬는데 언니들 소원대로 그렇게 될 것 같다."

나는 인터뷰에서 이렇게 말했다.

돌아보면 2006년 프로에 입문한 후 지난 몇 년은 LPGA 하나만을 바라보고 정신없이 달려온 시간들이었다. 미국 무대로 가기 전 KLPGA 데뷔 첫해부터 5관왕을 차지했고 2007년과 2008년에도 신인상을 제외하고는 상금왕, 대상, 최저 타수상, 다승왕을 타서 '3년 연속 4관왕'이라는 기록을 세웠다. 특히 2008년에는 한국과 미국, 일본 투어에서 모두 11승을 거두었고, 특히 브리티시오픈 우승을 시작으로 LPGA 초청대회에서 3승을 거두어 미국 진출의 발판을 다졌다. 미국의 골프전문 사이트 골프닷컴이 발표한 '2008년 가장 위대한 업

적을 성취한 열 명'에서 타이거 우즈와 로레나 오초아를 제치고 내가 1위에 올랐을 때는 정말 아찔할 정도로 뿌듯하고 기뻤다. 마치 전 세계가 나를 주목하고 있는 듯한 착각이 들 정도였다. 새로운 세계에 빨려 들어가듯이 꿈을 향해 당차게 나아가고 있다고 믿었다.

드디어 2009년 2월 12일 미국 LPGA 정식 데뷔전이 다가왔다. 초청대회가 아니라 정식 회원으로서의 첫 출전이었다. 대회는 하와이 터틀베이에서 열린 SBS오픈이었다. LPGA 정복이라는 꿈을 향해 나서면서 나는 이렇게 생각했다.

'예전에 한번 경험해본 코스다. 2008년에 초청되어 나갔을 때 처음이었는데도 이 대회에서 7위를 했다. 그 후로 초청대회이긴 하지만 LPGA에서 세 번이나 우승해보았으니 이 대회는 누구보다 내가 잘할 수 있는 무대다.'

나는 그야말로 자신감에 넘쳐 있었다. 아빠 역시 나의 우승을 믿어 의심치 않는 눈치였다. 그동안 충분히 실력을 다지며 기다려왔던 LPGA인 데다 지난해 세 번의 우승으로 실력을 증명해 보였기 때문이기도 했다. 이렇듯 터틀베이에서의 SBS오픈 우승은 이미 따놓은 것처럼 느껴졌다. 적어도 실제 경기를 시작하기 전까지는 말이다. 하지만 막상 경기를 시작한 후 나는 계속해서 아찔한 순간을 넘겨야 했다.

"왜 이렇게 안 맞는 거지?"

결과는 참담했다. 경기 도중 거센 바람이 불었는데 나는 마치 바람에 얼이 빠진 사람처럼 엉성한 플레이를 보였다. 지켜보던 사람들도 당혹스러워 했다.

"아니, 신지애 선수 갑자기 왜 저래?"

"저 선수가 신지애가 맞나?"

사람들은 수군댔다. 나 스스로도 나의 플레이를 믿을 수가 없었다. SBS 방송국이 이번 대회의 스폰서였기 때문에 한국 취재진이 특히 많았다. 나의 부진은 금세 전파를 타고 한국에 전해졌다.

"역시 신지애는 세계무대에서는 한계가 있는가. 지난해에는 초청 선수였기 때문에 부담이 없어 우승할 수 있었지만 지금은 정식 멤버로 참가했기 때문에 중압감이 다를 것이다. 그것을 이겨내기에는 역량이 부족한 것인지도 모른다."

"신지애 선수가 미국 투어에 적응하기 쉽지 않을 것으로 보인다."

"신지애 선수는 1승도 올리기 어려울 것이다."

"지난 동계 훈련이 부족했던 것으로 보인다. 또한 신지애 선수는 아직 LPGA 수준에는 부족하다."

언론은 인정사정 보지 않고 나를 깎아내리기 시작했다.

'도대체 어디서부터 잘못된 것일까? 이 모든 일들이 현실이라는 것이 믿기지가 않아.'

이상한 일이었다. 그토록 자신 있던 경기였는데, 어느 순간 모든 게 엉망이 되어버렸다. 처절한 실패였다. 우승을 놓친 정도가 아니라 아예 예선 탈락이었으니 뭐라 변명할 말조차 찾을 수 없었다. 깨끗하게 패배를 인정해야 했다. 나는 기자들 앞에서 담담하게 말했다.

"이 대회 하나로 나의 모든 것을 평가할 수는 없습니다. 보약을 미리 먹었다고 생각하겠습니다. 이번에는 실패했지만 다음 번에는 절대로 똑같은 실수를 반복하지 않을 것입니다."

예선 탈락으로 철저하게 자존심을 구긴 나는 자신을 냉정하게 돌아보았다. 지난해 LPGA 투어에서 3승을 올리면서 LPGA 정식 데뷔를 너무 쉽게 생각한 것 같았다. 자신감이 지나쳤던 것이다. 자신감은 양날의 칼과 같아서 잘못 사용하면 스스로를 베는 무기가 될 수도 있는 것이었다. 자신감이 지나쳐 방심하면 한순간에 무너질 수도 있다는 것을 깨달았다. 참담한 패배 앞에서 나는 입술을 깨물 수밖에 없었다. 기대와 확신이 컸던 만큼 실망 또한 컸다. 새로 계약한 스폰서 회사에 대한 면목도 없었다. 아빠는 빨리 한국으로 돌아가고 싶은 눈치였다.

"지애야, 비행기 시간을 바꿔서라도 한국으로 가자. 여기 오래 머무르고 싶지 않다."

하지만 나는 상황이 나쁘게 돌아갈수록 담담해지겠다고, 여유를 가져야겠다고 자신을 다독이고 있었다.

"저는 좀 더 있다 가고 싶어요."

"왜? 당장 여기를 떠나고 싶지 않니?"

"루키 아워(rookie hour)를 채울 거예요."

"뭐?"

아빠는 기가 막힌 표정이었다. 루키 아워는 LPGA에 데뷔하는 신인들에게 일 년에 열여섯 시간 의무적으로 부과하는 일종의 봉사활동 제도였다.

"아니, 이 판국에 루키 아워라니…… 너는 지금 한가하게 루키 아워나 채우겠다는 마음이 생기니? 참, 성격이 무던해도 어떻게 이렇게까지 무던할 수 있냐?"

아빠는 속이 탄다는 표정이었다.

"루키 아워는 일 년에 걸쳐서 천천히 하면 되잖니. 그걸 굳이 왜 지금 채우겠다고 나서는 거냐?"

"앞으로 바쁜 투어 일정을 소화하면서 열여섯 시간을 채우는 게 생각만큼 만만치 않을 거 같아요. 그러니 틈날 때마다 조금씩 채워야죠. 비행기 예약 날짜까지 넉넉하게 남았으니 이번에 조금이라도 채

워두어야겠어요."

그리고 나는 예선 탈락을 한 상태에서 루키 아워를 신청해버렸다.

'부끄럽다고 도망치듯 한국으로 돌아가지는 않아. 비록 예선 탈락해서 대회에 출전할 수는 없지만 다른 선수들의 경기를 볼 거야. 내 두 눈으로 똑똑히 보아둘 거야.'

나는 경기위원과 함께 카트를 타고 3라운드를 따라다니면서 교육도 받고, 룰도 배우고, 다른 선수들의 시합도 지켜보았다. 패배했다고 낙담하는 모습을 보이기는 싫었다. 의연하고 싶었다.

'부러우면 지는 거다. 예선에서 탈락했다고 허둥대면 지는 거다. 승부의 기회는 또 있다! 이번에는 내가 졌지만, 다음에는 지지 않을 테니까. 언젠가는 이길 테니까!'

나는 이렇게 생각하면서 실패를 담담하게 받아들였다.

실패는 두렵지 않아,
나를 믿으니까

꿈에 그리던 미국 무대의 정식 데뷔전에서 철저하게 자존심을 구긴 나는 곧바로 명예 회복을 위해 나섰다. 싱가포르에서 열린 HSBC 위민스 챔피언스 대회에 출전한 것이다. 하지만 아무도 나의 우승을 기대하지 않았다. 얼마 전 SBS오픈에서 보여준 엉성한 모습이 아직도 사람들의 기억 속에 강하게 남아 있었기 때문이다.

"신지애는 슬럼프에 빠졌다."

"후원사 계약 문제로 동계 시즌에 훈련이 부족했다."

"역시 미국 LPGA에서는 통하지 않는다."

사람들은 이렇게 수군거렸지만 나는 주눅 들지 않으려고 애썼다. 부정적인 생각은 실제 경기에도 영향을 미치기 때문이다. 사람들의 시선이 느껴질수록 나는 더욱 승부욕을 불태우며 대회를 준비했다.

드디어 대회 날. 각오를 단단히 했음에도 불구하고 경기는 좀처럼 풀리지 않았다. 지난 대회의 불명예를 깨끗하게 털어내야 한다는 긴장 때문에 마음이 조급해졌다. 미국 진출을 늦추면서까지 준비한 후 큰 기대를 안고 데뷔를 했기 때문에 시즌 첫 우승을 그 누구보다 갈망하고 있었다. 더구나 첫 데뷔전 때 예선 탈락까지 했으니 갈 길이 더 멀게만 느껴졌다. 아빠도 그런 나의 마음을 눈치챘는지 이렇게 말했다.

"지애야, 너무 여유가 없어 보인다. 기다리고 돌아갈 줄도 알아야지. 우리 한 게임 한 게임에 조급해하지 말고, 더 멀리 넓게 보자. 이번 게임이 아니라 일 년 투어 전체를 생각하면서 여유를 갖는 거야."

아빠의 말을 가슴에 새기며 나는 마음을 가다듬었다.

'골프는 멘탈 게임! 마음을 다스리지 못하면 이길 수 없다. 조급해지면 감이 떨어져 자연스러운 샷이 나오지 않는다. 결정적인 순간에 자기 자신도 모르게 터져 나오는 승부의 한 타! 그 한 타를 이끌어내기 위해서는 우선 마음을 비워야 해.'

마음의 여유를 되찾지 못하면 경기를 주도해 나갈 수가 없었다. 점수나 평가가 아니라, 게임 자체에, 자신의 골프에 빠져들 수 있도록 집중해야 했다.

나는 심호흡을 하고 눈을 감았다. 그리고 기도했다.

드디어 대회 마지막 날.

나는 선두를 달리고 있는 캐서린 헐 선수에 여섯 타나 뒤진 채 최종 라운드를 시작했다. 좋지 않은 상황이었다. 이렇게 뒤처진 채로 경기가 끝난다는 것은 생각만 해도 끔찍한 일이었다. 나는 집중력을 잃지 않기 위해 안간힘을 썼다.

"두려워하지 말자. 내가 날리는 모든 샷이 최고라고 믿자. 이보다 훨씬 힘든 게임도 잘 이겨내왔다. 지금까지 잘해왔으니 앞으로도 잘 해낼 수 있을 거야. 중요한 것은 나만의 골프를 치는 것이다. 세계 최정상을 차지할 때까지 나는 절대로 멈추지 않아!"

나는 그렇게 스스로를 응원했다. 최종 라운드의 시작. 1번 홀, 2번 홀에서 버디를 잡았다. 3번 홀에서 버디는 생각지도 못하는 상태에서 버디를 잡아냈고, 4번 홀에서도 마찬가지였다.

연속 4개 홀 버디!

가슴이 뛰었다. 감각이 살아나고 있었고, 뒤처지기만 하던 경기의 흐름에 변화가 생기는 듯했다. 갤러리들의 시선이 나에게 집중되기 시작했다. 그 여세를 몰아 내가 11번 홀에서 버디를 잡아내자, 곧 캐서린 헐 선수가 흔들리기 시작했다. 진짜 승부는 그때부터인 셈이었다. 나는 집요하게 헐 선수를 추격했고 그녀는 더욱 조급해하기 시작했다. 결국 헐 선수는 13번 홀에서 나에게 공동 선두를 허용하고 말았다.

'역전의 기회다!'

나는 두 손에 힘을 주었다.

15번 홀. 나는 또 버디를 잡아낸 반면 헐은 14번 홀에서 오히려 한 타를 잃고 말았다. 순식간에 두 타 차로 벌어졌다. 헐 선수는 마음이 흔들렸고 반대로 나는 마음을 비운 까닭이리라.

17번 홀에서 헐 선수가 다시 한 타 차까지 추격해 왔으나, 18번 홀에서 승부는 확실하게 갈렸다.

'우승이다!'

LPGA 무대에 정식 데뷔한 후 그토록 기다리던 우승이었다. 이 우승으로 나는 데뷔전 예선 탈락의 불명예를 씻고 자신감을 되찾았다. 언론에서도 기사가 쏟아져나왔다.

"파이널 퀸이 돌아왔다!"

"신지애, 드디어 지존의 감각을 되찾다."

흐름의 경기라는 점에서 골프는 인생과 꼭 닮아 있다. 그래서 나는 골프가 정말 좋다. 꿈을 향해 달려가는 길에도 흐름이 있다. 모든 일이 잘 풀리는 시기가 있는가 하면 일이 꼬이기만 하는 때도 있다. 좋을 때는 조금만 노력을 해도 쉽게 성과가 나오고 금세 뭐라도 해낼 수 있을 것 같은 생각이 든다. 나쁠 때는 뭘 해도 자꾸 일이 틀어지기만 하니 자신감도 없어지고 불안한 예감만 든다. 골프 경기도 마찬가지다. 흐름이 중요하다.

그날의 우승도 흐름을 잘 잡았기에 가능한 것이었다. 내가 역전승을 할 수 있었던 것은 나의 실력 덕분이기도 했지만 상대 선수의 멘탈이 흔들렸기 때문이기도 했다. 끝까지 차분하게 자신의 페이스를 지키면 상대방이 먼저 무너지는 순간이 온다. 누가 끝까지 평정심을 잃지 않느냐가 경기에서 가장 중요하다.

나는 잘 웃는 편이다. 경기에서 밀리고 있을 때조차 인상을 쓰기보다는 차라리 생글생글 웃는 편이다. 그러다보니 사람들이 나에게 '미소천사'라는 과분한 별명을 붙여주었다. 기자들은 내게 어떻게 그토록 태연할 수 있느냐고 묻곤 했다. 그때마다 나는 이렇게 대답했다.

"나도 사람이기 때문에 떨릴 때가 있다. 하지만 그럴수록 더 웃으려고 노력한다."

2008년 우승 상금이 백만 달러였던 LPGA ADT 투어 챔피언십 대회 때 마지막 날까지 함께 경쟁을 했던 캐리 웹 선수는 나에 대해 이렇게 말했다.

"강철 같은 멘탈을 가진 선수다. 마치 백만 달러가 얼마인지 모르는 사람 같다."

과분한 칭찬이었지만 정말 뿌듯했다. 사실은 경기 때마다 나도 속이 타들어 간다. 하지만 자기감정을 드러내고 초조해하면 나도 모르게 점점 더 그런 분위기에 휘말리게 된다. 그래서 나는 떨릴수록 더 많이 웃는다.

그 당시의 나에게는 세계 정상을 차지하겠다는 뚜렷한 목표가 있었다. 나의 온 마음이 그 목표만 바라보고 있었기 때문에 어쩌면 불안해하거나 실망할 새도 없었는지 모른다. 경기가 잘 안 풀리면 불안해하기보다는 더 정신없이 달려들었다. 그러다보면 기회가 열리곤 해서 역전을 이끌어낼 수 있었다. 지금 생각해보면 그때는 세계 정상에 오르겠다는 목표 말고는 다른 어떤 것도 보이지 않았던 것 같다.

'나는 세계 정상에 오르고 싶다. 아니 반드시 오르고야 말 것이다. 틀림없이 오를 수 있다. 나는 믿는다.'

이런 말을 수없이 되뇌었다. 나에게 목표는 하나의 기도였다. 그리고 흔들리거나 불안할 때면 약해지는 내 마음을 꽉 잡아주는 강력한 손이기도 했다. 나는 그 손을 놓칠까봐 으스러지도록 꽉 붙잡았다. 내 인생 최고의 게임을 향해 나는 뛰고 있었다.

드디어
세계무대의 정상에 서다

"시즌 첫 우승에 대해 어떻게 생각하나?"

2009년 시즌 첫 우승을 따낸 후 아빠가 문득 물었다.

"첫 데뷔전에서 굴욕을 당했는데 이번에 만회해서 정말 다행이에요. 진짜 승부는 지금부터라고 생각해요."

나는 자신감을 내비치며 대답했다. 하지만 아빠는 이렇게 말했다.

"자만하지는 마라. 방심하는 순간 모든 게 엉망이 되어버린다는 것을 너도 잘 알지? 다만 감각이 조금씩 좋아지고 있는 게 눈에 보인다. 점점 더 파고 들어가면서 치고 있더구나."

"네, 저도 느끼고 있어요."

"LPGA 데뷔 첫 해고, 이미 한 번의 우승을 거뒀다. 그것만으로도 어느 정도 성과를 거둔 것이긴 해. 하지만 여기서 멈추지 말고 더 나가자. 기억하지? 아빠가 왜 미국 데뷔를 끝까지 미루었는지?"

물론 알고 있었다.

"네, 저는 이미 정상을 차지할 실력을 갖추고 미국 무대로 온 거예요. 그러니까 제대로 보여주겠어요. 세계 정상이라는 목표만 생각할 거예요. 한 번의 우승으로는 안 된다는 거 잘 알고 있어요. 더 많은 우승을 따내겠어요."

한 번의 우승으로는 아직 부족했다. 나는 세계 정상에 서고 싶었다. 그래서 돌아가신 엄마에게 자랑스러운 딸이 되고 싶었다.

그해 6월 LPGA 투어 중의 '웨그먼스 대회'에 출전했다. 컨디션은 나쁘지 않았다. 예감도 좋았다. 하지만 쉽지 않은 경기였다. 호적수였던 산드라 갈의 위력이 너무나 막강했다. 그날 산드라 갈은 정말 거침없이 플레이를 해나갔다. 동료 선수들은 이렇게 수군댔다.

"오늘은 산드라 갈에게 그분이 오셨다!"

하지만 나는 개의치 않았다. 산드라 갈에게만 그분이 오시는 것은 아니잖은가. 나는 자신이 있었고, 그래서 더 거침없이 스윙을 했다. 그 결과 첫째 날 산드라 갈에게 한 타 뒤진 2위로 경기를 마무리 지을 수 있었다. 기자들의 질문에도 당당하게 대답했다.

"오늘 플레이는 완벽했다. 오늘 대회를 위해 화요일부터 철저한 퍼팅 연습을 실시했다. 바람도 다시 잔잔해져서 기상악화로 인한 부담은 없었다."

비록 선두가 아닌 2위였지만 아직 우승의 기회는 얼마든지 남아 있었다. 둘째 날에는 더 거침없이 파고들었다. 산드라 갈에게 내 꿈을 내어줄 수는 없었다. 나는 오직 세계 정상만을 생각하며 그녀를 바짝 추격했다. 내 추격에 초조해진 산드라 갈은 시간이 지날수록 주춤하며 이렇다 할 스코어를 내지 못하더니 곧 공동 3위로 밀려나고 말았다. 그리고 나는 선두의 자리를 꿰차고 들어갔다.

"됐어. 이 느낌으로 경기 끝까지 가면 된다!"

예감이 좋았다. 마지막 라운드를 선두로 시작하게 된 것이다. 2009년 시즌 2승을 노려볼 수 있을 것 같았다. 꿈의 무대가 바로 코앞에 다가온 듯 가깝게 느껴졌다. 하지만 3라운드에서는 웬일인지 감이 좀처럼 잡히지 않았다. 뭔가 잘못되어가고 있다는 느낌이 들었다.

'뭐야. 왜 이렇게 안 맞는 거야?'

등에서 식은땀이 흘렀다. 이유를 알 수 없었다. 특별히 몸이 아픈 것도 아니었고, 전날 산드라 갈을 제치고 선두를 차지했으니 자신감이 부족한 것도 아니었다. 그러나 경기의 흐름이 점점 나빠지기 시작했다는 것을 나는 직감했다.

"이대로 가면 지고 말거야. 그토록 좋던 감이 어떻게 단 하루 만에, 특별한 이유도 없이 이렇게 무너질 수 있는 거지? 감을 되찾아야 해. 여기서 놓쳐버리면 우승할 수 없어. 이 분위기에서 빠져나와야 해!'

이렇게 흐름이 망가져만 가다가는 끝을 알 수 없을 정도로 무너져버릴 것만 같았다. 아빠도 안타까운 마음으로 나를 지켜보고 있었다.

'안 돼. 이렇게 계속 망가져서는 안 돼!'

안간힘을 써보았지만 경기는 여전히 잘 풀리지 않았다. 나 자신뿐만 아니라 곁에서 지켜보는 모두가 경기의 흐름을 읽고 있었다. 만약 나의 라이벌이 내 표정을 읽는다면 그는 자신감을 얻어 힘을 낼 것이고 그럴수록 나는 주도권을 빼앗기게 될 것이다. 초조한 마음을 드러내는 순간 모든 것이 끝이다. 힘을 내야만 했다.

'흔들리지 말자! 흔들리면 지는 게임이 되어버릴 뿐이야!'

냉정을 되찾기 시작하자 기회가 왔다. 10번 홀. 나는 온 힘을 모아 불꽃타를 날렸다.

"홀컵을 잡아야 해!"

결정타가 나왔다. 10번 홀에서 버디를 잡은 것이다.

'됐어. 살아났어.'

10번 홀에서 버디를 잡은 나는 다시 상승세를 타기 시작했다. 이번에는 산드라 갈 대신 2위를 지키고 있던 모건 프리셀 선수가 무너지기 시작하며 순위권 밖으로 추락했다. 분위기는 반전되었다. 우승이 바로 눈앞으로 다가오고 있었다.

그해 11월 21일, 미국 텍사스주 휴스톤의 메리어트 호텔. 나는 거울 앞에 앉아 있었다. 거울 속에는 나조차도 낯선 내 모습이 있었다. 화장을 하고 드레스를 입은 모습도 낯설었지만, 그보다 더 나를 놀라게 한 것은 울보에 겁쟁이가 아닌, 자신감 넘치는 내 얼굴이었다.

"우리 지애는 마음이 너무 여려서 걱정이에요. 하지만 착해서 그런 거예요. 크면 나아질 거예요."

엄마의 목소리가 들리는 듯했다. 끝까지 나를 믿어주었던 엄마. 그날따라 엄마 생각이 많이 났다. 밖에서 스태프의 목소리가 들렸다.

"시간 됐어요. 식장으로 들어갈 시간입니다!"

"네!"

나는 상념에서 깨어나 자리에서 일어섰다. 그리고 스태프를 따라 행사장으로 들어갔다. 거기에는 수많은 골프선수들과 관계자들, 그리고 아빠가 있었다. 조용히 좌석에 앉아 순서를 기다렸다. 2009 LPGA 시상식장이었다. 행사장은 전 세계에서 몰려든 취재진들로 가득 차 있었다. 이윽고 차례차례 수상자들의 이름이 불렸다. 그때마다 취재진들이 술렁이며 사진을 찍어댔다. 드디어 내 차례가 다가오고 있었다.

"다음은 올해 처음 LPGA에 데뷔하여 시즌 3승을 거머쥐고 신인상과 상금왕을 차지한 한국의 신지애 선수입니다!"

나는 자리에서 일어나 앞으로 나갔다. 박수소리가 아득하게 들렸다. 하지만 침착하게 상패와 트로피를 받아 가슴에 안았다. 그리고 마이크 앞에 서서 공들여 준비한 수상 소감을 읽기 시작했다. 문득 어렵게 대출까지 받아 필리핀으로 전지훈련을 데려가고 영어과외까지 시켜준 아빠의 얼굴이 떠올랐다.

"오늘 우리가 이 자리에 모인 것은 LPGA의 전통과 번영을 축하하기 위함이라고 믿습니다. 서그스, 라이트, 카너, 윗워스, 로페즈 쉬핸, 소렌스탐, 웹, 잉스터, 오초아 그리고 박세리 같은 역대 대 선수들을 대신해서 저는 2009 LPGA 신인상을 받겠습니다."

사람들이 웃으며 박수를 쳤다. 떨렸지만 힘이 났다. 세계가 나를 주목하고 있었다. 꿈의 한가운데에 내가 서 있었다.

"제가 골프를 시작한 것은 박세리 프로의 1998년 US오픈 우승 이후였습니다. 박세리 프로는 제 삶을 바꿔주었습니다. 전 항상 조용하고 수줍은 성격이었는데 골프를 하면서 활발한 성격으로 바뀌었습니다. 골프를 통해 평생을 함께할 친구를 얻었고, 험한 산을 올랐습니다. 저는 어렵고 힘든 순간을 이겨냈고, 제 꿈 이상의 성공을 거두었습니다. 어린 소녀들에게 말해주고 싶습니다. 큰 꿈을 품는 것을 두려워하지 말라고 말입니다. 너희들도 자라서 루이스 서그스 롤렉스 LPGA 신인상 수상자가 될 수 있다고 말입니다."

평소 감정을 거의 드러내지 않는 아빠조차도 감격한 표정으로 나를 쳐다보고 있었다. 아빠의 눈을 보니 왠지 눈물이 날 것만 같았다. 하지만 울지 말아야지, 오늘은 기쁜 날이니까. 나는 그렇게 생각하며 계속해서 소감을 읽어내려갔다.

"저를 낳아주신 어머니는 2003년에 세상을 떠나셨는데, 오늘은 저희 어머니를 위한 날입니다."

나는 잠시 숨을 가다듬었다. 목이 메는 것 같았다.

"엄마, 정말 사랑하고 그립습니다."

그런 다음 아빠를 바라보았다.

"그리고 아버지, 항상 저를 자랑스럽게 생각하신다는 것을 잘 압니다. 그러나 오늘은 제가 얼마나 아버지를 존경하는지 말씀드리고 싶습니다. 저를 위해 희생도 마다하지 않으시는 분, 항상 저를 격려해주시고, 사랑을 주시고…… 또 가끔은 스트레스를 주시는 분입니다!"

여기까지 읽어나가자 엄마 이야기에 잠시 숙연해졌던 청중들이 웃음을 터뜨렸다. 어떤 사람들은 웃으면서 아빠를 쳐다보기도 했다. 아빠는 마냥 좋아서 싱글벙글 웃고 계셨다. 아빠가 나를 위해 언제나 악역을 맡아왔다는 것을 나는 잘 알고 있었다. 아빠의 호된 가르침과 채찍질이 있었기에 더 열심히 나의 길을 걸어올 수 있었다.

아빠는 해마다 이렇게 당부하곤 했다.

"지애야 명심해라, 올해가 너에게 아주 중요한 해란다."

돌아보면 어느 한 해도 중요하지 않은 때가 없었다. 프로에 데뷔했을 때는 내 존재를 알리기 위해 전력질주했다. 2년차에는 반짝 스타가 아니라는 것을 증명하기 위해 달렸다. 3년차에는 3년 연속 4관왕이라는 기록을 세우기 위해 분투했고, 2009년은 꿈에 그리던 미국 무대에 데뷔할 때라 그 어느 때보다 더 열심히 노력했다. 아빠는 '한 해'만이 아니라 매 순간이 내게 중요하다는 것을 잘 알고 있었고 내가 안주하거나 지치지 않도록 늘 격려해주었던 것이다. 나는 마이크 앞에서 말을 이었다.

"더 이상 바랄 게 없습니다. 아빠의 딸이라는 게 정말 자랑스럽습니다."

아빠는 결국 고개를 떨구었다. 나 역시 코끝이 시큰했다.

나는 세계 정상에 서 있었다. 이제껏 그 목표 하나만을 바라보고 살아온 셈이었다.

목표를 이루었다는 기쁨은 그동안의 모든 고생을 한순간에 씻은 듯이 잊게 해주었다.

아픈 만큼
성장하는 거야

2010년에도 아빠는 어김없이 이렇게 말했다.

"지애야, 올해가 너에게 정말 중요한 해란다."

"아빠는 올해도 그 말씀을 하시네요."

나는 빙그레 웃었다. 2009년을 성공적으로 마무리한 나는 희망과 설렘 속에서 2010년을 맞았다. 나는 자타가 공인하는 세계 랭킹 1위의 골퍼가 되었다. 이제 이대로 계속 걸어가기만 하면 될 거라 생각했다.

모든 게 평안했다. 동생 지원이는 서울대학교 물리학과에 진학해서 자신의 길을 당당히 걸어가고 있었고 막내 지훈이도 미국 애틀랜타에서 유학생활을 잘 꾸려나가고 있었다. 우리 가족은 7년 전 엄마의 죽음으로 인한 충격을 모두 극복하고 안정을 되찾았다. 너무나 행복하고 감사했다.

"다 누나 덕분이야."

"언니, 나중에 골프 그만두면 우리 카페나 하나 차릴까?"

동생들과 농담 반 진담 반으로 이런 이야기들을 나누었다. 시합과 훈련 때문에 동생들을 만날 기회가 별로 없다는 점은 아쉬웠지만 골프만 생각하려고 노력했다.

하지만 예상과 달리 2010년 상반기의 기록은 기대에 조금 못 미쳤다. 물론 나는 여전히 세계 정상에 머무르고 있었다. 하지만 더 통쾌한 승부와 성적이 나와야 하는데 그러지 못했다. 2010년 나는 아직 LPGA에서 우승을 잡지 못하고 있었다.

그러던 어느 날이었다.

"배가 아파."

아빠는 걱정스러운 얼굴로 증세가 어떤지 얼마나 심한지 물었다.

"조금요. 진통제 먹고 쉬면 곧 괜찮아지겠죠, 뭐."

나는 대수롭지 않은 듯 말했지만 마음이 불안했다. 대회를 앞둔 시점에 컨디션이 나빠진다는 것은 불길한 일이었다. 현실을 외면하고 싶었다. 참으면 괜찮아지겠지, 제발 그래야만 해, 그렇게 생각하며 버텼다.

그런데 시간이 지날수록 상태가 점점 심해지더니 대회 이틀 전 새벽에는 도저히 참을 수 없을 만큼 통증이 밀려들었다. 그리고 결국 일이 터지고 말았다.

"배가 너무 아파요! 아빠, 배가 너무 아파!"

집안에 비상이 걸렸다. 아빠는 나를 업고 병원 응급실로 달렸다. 진찰대 위에 누워서도 나는 데굴데굴 구를 정도로 극심한 통증에 시달렸다.

"지애야, 괜찮니? 아니 이렇게 아픈데 왜 말을 안 했어?"

검사를 마친 의사가 아빠에게 말했다.

"도대체 선수 관리를 어떻게 하신 겁니까? 맹장이 터지기 일보 직전이에요. 당장 수술에 들어가야 합니다."

그 순간 아빠도 나도 얼어붙었다. 몸을 뒤틀고 있던 나는 갑자기 꼼짝도 할 수가 없었다. 그리고 다음 순간 벌떡 일어나 언제 아팠냐는 듯 씩씩한 목소리로 말했다.

"안 돼요!"

의사가 나를 돌아보았다.

"선생님, 대회에 나가야 해요!"

"지금 무슨 소리를 하는 겁니까? 맹장이 터진단 말입니다. 참 답답하네. 더구나 며칠 동안 방치해서 지금 당장 수술에 들어가지 않으면 위험할 수도 있어요. 일 분 일 초가 급한데 그까짓 골프대회 때문에 목숨을 걸 겁니까?"

"그까짓 골프대회라니요."

나는 말하고 싶었다. 골프대회에 목숨이라도 걸고 싶다고……. 그러나 아무 말도 하지 않았다. 골프를 계속하기 위해서는 우선 몸이 나아야 하니까.

"죽으면 골프고 뭐고 없는 겁니다."

의사의 말에 아빠가 나를 돌아보았다.

"지애야, 건강이 우선 아니냐. 그래야 골프도 할 수 있는 거야. 고집 부릴 일이 아니다."

"아버님 말씀이 맞습니다. 여기 수술 준비 들어가, 당장!"

의료진들의 발걸음이 바빠졌다. 그들 사이에서 나만 배를 움켜잡은 채 어정쩡한 표정으로 앉아 있었다. 당혹스러워하는 나의 어깨에 아빠가 가만히 손을 얹었다. 이번 시즌에 아직 우승을 하지 못했다는 것을 누구보다 잘 알고 있는 아빠. 그래서 대회 하나 하나가 얼마나 간절한 기회인지 나보다 더 잘 알고 있는 아빠. 그래서 대회 하나라도 놓치지 않으려 발버둥치고 있는 내 심정을 누구보다 잘 아는 아빠. 그런 아빠의 눈을 마주보고 있자니 눈물이 날 것만 같았다. 간호사들이 달려와 내 몸 여기저기에 주사 바늘을 꽂기 시작했다. 점차 의식이 흐려졌다.

정신을 차리고 보니 나는 병실의 침대 위에 누워 있었다. 의식이 또렷해지는 순간 가장 먼저 떠오른 것은 대회였다. 회진 시간이 되어 의사를 보자마자 물었다.

"이제 퇴원해도 되나요? 대회가 진행 중이에요."

"아직도 대회 타령인가? 출전은 포기하세요."

"출전이 아니고요, 경기를 보러 가야겠어요."

"안 됩니다."

"왜요?"

"비행기를 타면 안 돼요. 수술 부위가 터질 수도 있으니 어느 정도 아물 때까지 비행기를 타면 곤란해요."

"갈 거예요. 퇴원시켜 주세요."

"허허, 참!"

결국 나는 의사의 만류에도 불구하고 다음 날 비행기에 올랐다. 거동이 불편하긴 했지만 정신만은 맑았다. 최대한 수술 부작용이 없도록 조심하며 대회장으로 향했다. 그날은 바람도 좋고 필드도 아름다웠다. 선수들의 플레이도 날씨만큼이나 멋졌다. 그 모습을 바라보고 있자니 LPGA 데뷔전을 치를 때 예선전에서 탈락하고 루키 아워 시간을 채운답시고 경기장을 돌아다녔던 일이 생각났다. 그때 예선전을 통과한 선수들이 경기를 하는 모습을 바라보면서 얼마나 부러워했던가!

'2년 전 그때에 비하면 나는 많이 온 거야. 앞으로 나아가고 있는 거라고. 비록 지금은 아프지만 괜찮아. 아픈 만큼, 힘든 만큼 성장하는 거니까. 데뷔전 탈락의 아픔이 있었기에 우승을 차지할 수 있었듯

이, 지금 이 아픔이 있기에 나는 더 성장할 거야.'

나는 맹장수술과 회복을 위해 결국 두 개의 대회를 놓치고 말았다. 쓰라린 휴식이었다. 몸이 회복되면서 조금씩 훈련을 시도해보았지만 골프 클럽을 잡았다가 놓기를 반복했다. 결국 훈련을 조금 미뤄야 했다. 그사이 일본의 미야자토 아이가 시즌 4승을 챙기며 세계 랭킹 1위 자리를 차지했다. 세계 정상의 자리를 내주고 만 것이다. 그건 배의 통증보다 더 쓰라렸다. 필드에 서지 못하는 동안 나는 계속해서 밀려나고 있었다. 더 이상 가만히 앉아 있을 수가 없었다.

"훈련을 시작하겠어요. 클럽을 주세요."

"아직은 무리야."

"약하게 시작하면 돼요."

나는 다시 골프 클럽을 잡았다. 골프 클럽이 그렇게 무겁게 느껴진 적은 없었다. 골프 클럽을 손에 쥐고 움직이는 것조차도 힘들었다. 하지만 아주 천천히 조심스레 해보았다. 힘이 부족할 때는 가만히 서서 눈을 감고 내 스윙을 머릿속으로 그려보았다. 기억을 더듬어 감각을 되살리기 위해서였다. 한참 동안 상상으로 연습을 하다가 스윙을 해보았다.

"아아!"

나는 신음을 하고 배를 움켜쥐며 주저앉았다. 몸 상태도 연습만큼이나 중요했다. 충분히 휴식을 취하고 몸에 무리가 가지 않도록 주의해야 했다. 그렇게 조금씩 연습을 해나갔다. 그리고 수술을 받은 지한 달이 지난 7월 무렵 드디어 에비앙 마스터스 대회를 맞았다. 에비앙 마스터스는 LPGA 투어의 '제5의 메이저대회'라 불릴 만큼 큰 대회였다. 나는 하얀 모자에 붉은 상의를 골랐다. 최대한 밝고 경쾌한기운을 스스로에게 불어넣기 위해서였다. 몸이 회복되었다고는 하지만 한창 건강할 때의 체력과는 다를 수밖에 없었기에 더 긍정적인 기운을 불어넣으려 노력했다.

시작은 부진했다. 하지만 곧 맹추격전을 벌였고, 다시 쫓고 쫓기는자의 싸움이 시작되었다. 시간이 지나고 상대가 지칠수록 나에게는유리했다. 3라운드까지 선두는 모건 프리셀이었지만 17번 홀에서 나는 바짝 추격하며 공동 선두가 되었다. 내가 18번 홀에서 버디를 잡는다면 우승을 차지할 수도 있는 상황이었다. 모두가 관심을 집중시키고 있는 마지막 순간이 다가왔다.

"모건 프리셀과 한국의 신지애 선수. 똑같은 1988년생 선수들입니다. 오늘의 우승을 누가 차지할지 장갑을 벗기 전까지는 조금도 짐작할 수 없는 상황이네요."

운명의 18번 홀.

내가 좋아하는 성경 구절을 적어놓은 쪽지를 살짝 꺼내어 다시 보았다. 이미 너널너덜해진 쪽지였다.

"두려워하지 말라. 내가 너와 함께함이라. 놀라지 말라. 내가 너를 굳세게 하리라. 참으로 너를 도와주리라. 참으로 나의 의로운 오른손으로 너를 붙들리라."

나는 기도했다. 최선을 다해 달려왔으니 아무것도 두렵지 않았다. 마음을 가라앉힌 후 스윙 자세를 잡았다.

'18번 홀의 마지막 스윙이어야 한다. 이 한 번의 스윙으로 볼을 컵에 넣어야 한다. 그래야 이길 수 있다.'

언제나 그렇듯이 나는 마지막 샷을 하기 전의 긴장과 설렘을 즐겼다. 우승을 앞두고 있을 때의 그 떨림이 나를 살아가게 하는 힘이었다. 나는 떨림을 온몸으로 느끼며 힘껏 스윙을 했다. 다음 순간 아득하게 사람들의 함성 소리가 들렸다.

"됐구나!"

나도 모르게 힘껏 주먹을 쥔 손을 높이 쳐들었다.

"신지애 선수, 한국 선수로는 최초로 에비앙 마스터스의 높은 벽을 허무는 순간입니다. 파이널 퀸답게 마지막 홀에서 통쾌한 역전승입니다. 이로써 신지애 선수는 세계 랭킹 1위 자리를 다시 탈환하게 되었습니다."

에비앙 마스터스의 전통에 따라 나는 커다란 태극기를 온몸에 두르고 사람들의 축하를 받았다. 어깨를 감싼 태극기의 감촉에 알 수 없는 떨림이 일었다. 싱그러운 바람 속에 나와 태극기와 푸른 필드가 있었다. 곧이어 애국가가 울려퍼지고 꿈에 그리던 에비앙 마스터스의 우승컵을 받아 가슴에 안았다. 대회를 보러 온 교민들의 눈에 눈물이 고이는 듯했다. 어쩌면 나의 눈에도 눈물이 고여 있었을지 모른다.

우승의 기쁨이라는 건, 아무리 반복되어도 익숙해지지 않는 '새로운 떨림' 그 자체였다.

다시 한 번
우승의 맛을 느껴보고 싶어!

2009년과 2010년 정신없이 필드를 누비던 두 해가 지나갔다. 그동안 LPGA에서만 통산 5승을 차지한 나는 최고의 주가를 누렸다. 다음 전략은 '세계 랭킹 1위 굳히기'였다. 하지만 무엇을 어떻게 새롭게 해야 할지에 대해서는 구체적인 계획이 없었다. 그렇게 2011년 시즌을 준비할 무렵 한 코치가 나를 찾아왔다.

"신지애 선수를 가르쳐보고 싶습니다. 신지애 선수는 힘이 좋고 정확도가 뛰어납니다. 스윙만 조금 교정하면 지금보다 더 파괴력 있는 경기를 할 수 있을 겁니다."

그 무렵 나는 전 코치와의 여정을 정리하고 잠시 코치 없이 홀로 훈련을 진행하고 있었다. 물론 급하게 코치를 구할 생각은 없었다. 조금 기다리다 보면 인연이 생기리라 생각하고 있었다. 그런데 우연히 찾아온 그의 말은 나의 관심을 끌기에 충분했다.

'이미 나는 세계 정상의 실력을 가지고 있다. 하지만 골프는 날씨처럼 변화무쌍한 흐름을 가진 종목이기에 좀 더 확고한 나만의 강점을 가지지 못하면 순식간에 무너질 수도 있다. 나만의 확고한 강점.

그것이 뭘까, 나는 무엇을 더 보충해야 하는 것일까?'

그와 약속을 잡고 자세한 이야기를 들어보았다. 그는 열의에 차 있었고 이론적 지식도 깊었다.

"보십시오. 스윙만 더 보강한다면 훨씬 힘 있는 장타를 끌어낼 수가 있죠. 만약 신지애 선수가 지금의 정확도에 강한 장타를 더한다고 생각해보십시오. 힘, 거리, 정확도! 이 세 박자가 완벽하게 조화를 이룹니다. 그렇게 된다면 바로 세계 최강, 더 이상 적수가 없을 겁니다!"

그는 종이에 그림을 그려가며 새로운 스윙 방법을 설명했다. 그는 확신에 차 있었고 그의 말에는 설득력이 있었다. 그는 내게 새로운 스윙 기술을 가르쳐주겠다고 했고, 나 역시 그것만 가질 수 있다면 세계 최강도 문제없으리라 생각했다. 나는 무릎을 쳤다.

'바로 이거다!'

나는 바로 그와 훈련을 시작했다. 코치는 한 치의 흐트러짐도 없이 나에게 채찍질을 가했다. 나 역시 새로운 트레이닝에 몸을 맡겼다.

스윙 방법을 바꾸고 맹훈련을 한 겨울이 지나고 2011년 시즌을 맞이했다. 그 어느 때보다도 긴장되고 또 기대로 가득 찬 시작이었다. 골프선수가 스윙법을 바꾼다는 것은 완전 새로운 선수로 태어나는 것과도 같았다. 물론 그해 시즌 초반에 기록이 썩 좋지는 않았다. 하지만 나는 원래 초반부터 강세를 드러내는 편은 아니었다. 한 게임을 놓고 볼 때도 역전승이 많은 편이었다. 그래서 파이널 퀸이라는 별명을 가지고 있지 않은가. 그래서 시즌 초반에 부진해도 그리 불안하지는 않았다. 하지만 두고두고 아쉬움을 남기는 대회가 있었다. 3월에 열린 기아 클래식이었다.

그날 경기는 참 힘들었다. 경기 내내 감각이 살아나지 않아 애를 많이 먹었다. 다행히 마음을 가라앉히고 다시 경기에 임했다. 독일의 산드라 갈 선수와 나는 계속 1, 2위를 다투었다. 역전했다가 다시 공동 선두가 되기를 반복했다. 한 치 앞을 내다볼 수 없는 접전이 계속되었다. 연장전까지 갈 기세였다. 그렇게 마지막 라운드 18번 홀이 시작되었을 때 우리는 공동 선두였다. 홀컵이 점점 가까워졌다.

내가 세 번째 샷을 했다. 내 볼은 홀컵에서 1.5미터 거리에 떨어졌다. 가까운 거리였다.

"좋았어!"

잠시 쾌재를 불렀다. 하지만 바로 다음 순간 산드라 갈의 볼이 내 볼보다 더 홀컵에 가까운 지점에 떨어졌다.

'반드시 이번에 넣어야 한다. 산드라 갈의 볼이 저렇게 가까이 있으니 다음번에는 틀림없이 넣을 거야. 내가 이번에 넣어야 연장전으로 갈 수 있다. 만약 넣지 못한다면 우승은 산드라 갈의 것이다! 나는 할 수 있다. 기껏해야 1.5미터인 데다 정확도에서는 누구에게도 지지 않는 내가 아닌가.'

손에 힘이 들어갔다. 반드시 넣어야 연장이 가능한 상황에서 나는 과감하게 볼을 쳤다. 스르르 미끄러지기 시작한 볼은 1.5미터를 굴러가 바로 홀컵과 닿을 듯하더니 그만 비켜가고 말았다.

"아앗!"

갑자기 시간이 멈추는 것 같았다. 이토록 짧은 거리에서 들어가지 않다니 믿을 수 없었다. 정확도에서는 어느 누구보다도 자신이 있었는데 그 마지막 퍼팅을 놓치다니! 다리가 떨려왔다. 우승을 놓친 것이다. 놀란 것은 나만이 아닌 듯했다. 갤러리들도 놀라움을 감추지 못했다.

"신지애 선수, 마지막 퍼팅을 놓치고 맙니다. 아, 안타깝습니다. 이것만 넣었으면 연장전을 통해 우승을 노려볼 수 있었을 텐데요. 정말 어이없이 놓치고 맙니다."

엉뚱한 곳으로 가버린 볼을 보며 나는 허탈한 듯 웃어버렸다.

"하하."

초조해하고 싶지는 않았다. 인정할 건 인정해야 한다. 신지애는 산드라 갈에게 진 것이다. 세계 랭킹 1위가 100위 밖의 선수에게 말이다. 사람들은 우스갯소리로 말했다. "오늘은 산드라 갈에게 그분이 오셨다!"고. 하지만 진 것은 진 것이다. 운 때문이라고, 실수해서 그렇다고 구차하게 변명하고 싶지 않았다. 나는 우승컵을 안고 있는 산드라 갈과 웃으며 포옹을 나누었다. 필드에서 우리는 라이벌이지만 경기가 끝나면 똑같이 외로운 길을 걸어가고 있는 동료였으니까 축하해줄 일이었다.

하지만 불운은 거기서 끝나지 않았다. 나는 번번이 그런 식으로 우승을 놓쳤다. 우승을 놓친 나를 볼 때마다 사람들은 자꾸 기아클래식 때 이야기를 하곤 했다.

"왜 그때 그 볼을 놓친 거야?"

"정말 너답지 않았어."

"그것만 잡았어도 말이야⋯⋯."

나는 이런 말을 천 번도 넘게 들었다. 사람들이 생각해도 그때가 가장 아쉬운 준우승이었나 보다. 그때 우승만 잡았어도 시즌 1승을 챙기고 시작했을 테고, 자신감을 얻어 그다음 대회에서도 더 좋은 성적을 거두지 않았겠느냐는 것이었다.

나도 내가 왜 그 볼을 놓쳤는지 알 수 없다. 내가 알고 있는 것은 기회를 놓쳤다는 사실뿐. 그 누구보다도 가장 속이 타는 건 당사자인 나 자신이었다. 뭔가 잘못되어 가고 있었는데 나는 여전히 그 이유를 알지 못한 채 막연한 불안감에 사로잡혀 있었다. 내 몸이 내 몸 같지 않았다. 나는 예전의 감각을 잃어가고 있는 듯했다.

언론은 신지애 선수가 감각을 잃었다고 떠들었고, 이제 전성기가 끝났다는 듯 말하고 있었다. 심지어 이렇게 평하는 사람도 있었다.

"신지애 선수가 헝그리 정신을 잃어버렸다."

"이룰 것을 다 이루어서 느슨해졌다."

"평생 먹고살 만큼 부자가 되었으니 치열하게 경기에 임할 필요가 없어진 거야."

그들의 말이 꼭 틀린 것은 아니었다. 엄마가 돌아가신 후 생계가 막막했던 그때처럼 절박하게 성공에 매달려야 할 이유는 없었으니까. 동생들도 자기 길을 찾았고 아빠 역시 좋은 인연을 만나 다시 가정을 꾸렸다. 우리 가족은 부족한 것 없이 행복했다. 모든 것이 과분할 정도였다.

하지만 모든 것을 다 이루었다 해도 남아 있는 것이 있었다. 그것은 우승에 대한 나의 갈망이었다. 세상이 뭐라 말하든 내가 여전히 우승을 원하고 있다는 게 가장 중요했다.

"예전처럼 뜨거운 필드 위에서 우승컵을 높이 들어올리고 싶어! 그 설렘과 떨림, 감동을 느껴보고 싶어"

이미 우승의 기쁨을 맛보았기에 그 기쁨을 되찾고 싶은 욕망도 간절했다. 상위권 성적을 꾸준히 유지하고 있었지만 그것만으로는 갈증이 해소되지 않았다.

"2등은 1등이 아니야. 나는 우승을 하고 싶어."

솔직히 나는 세계 정상의 자리를 놓칠까봐 불안했다. 절대로 그 자리를 빼앗기고 싶지 않았다. 그러면서도 나는 중심을 잡지 못하고 방황하고 있었다.

"더 이상 거리에 집착하는 것은 어리석은 짓이다.
지금껏 내가 우승을 한 것은 거리가 아닌 정확도 덕분이었다.
나는 왜 강점을 버려가면서까지 거리에 집착한 걸까?"

6장

행복을 위해
다시 꿈꾸다

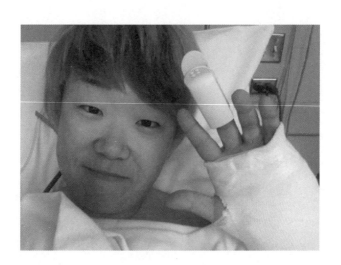

나만의 강점에
집중하라

　2011년 시즌이 중반을 넘어설 무렵 나는 뜻밖의 위기에 봉착해 있었다. 바로 스윙이었다. 허리 부상, 라식 수술, 클럽 교체 등 많은 일들이 일어났지만 스윙 문제만큼 심각하지는 않았다.

　"뭔가 이상해요. 자연스럽게 스윙이 되지 않아요. 이것 보세요."

　나는 코치 앞에서 스윙을 해보았다. 코치에게 배운 대로 하체와 상체를 분리하되 하체가 상체를 리드하는 느낌으로! 그렇게 함으로써 스윙에 더욱 힘이 생기고 거리도 길어진다는 게 코치의 설명이었다. 그런데 결과는 엉뚱했다. 힘이 생기거나 거리가 멀어졌는지는 모르겠지만 정작 나의 볼은 엉뚱한 지점에 떨어지곤 했다. 실전에서 그런 상황을 여러 번 겪다보니 나는 점점 불안해졌다. 그런데 나의 스윙을 스스로 분석해보니 뭔가 짚이는 부분이 있었다.

　"어때요? 이상하지 않아요?"

　나는 코치 앞에서 여러 번 반복해서 스윙을 해보았다. 코치는 나의 자세를 면밀히 살펴보았다.

　"음."

　"머리와 팔의 위치가 달라졌어요. 이전의 위치와는 다르죠?"

"그렇군."

"이번에는 다른 스윙을 한번 보세요."

나는 내가 하던 대로 이전의 스윙을 해보았다.

"어때요? 위치가 제대로 돌아왔죠?"

"정말 그렇군. 예리한 지적이야."

코치는 고개를 끄덕였다.

"뭐가 문제일까요? 머리와 팔의 위치가 흐트러져서 정확도가 떨어지는 것은 아닐까요?"

"하지만 신 프로는 거리가 짧은 게 가장 문제였잖아. 거리를 늘리기 위해서는 하체 움직임이 더 커야 하는데 신 프로는 이제까지 배에 힘을 주고 스윙을 하는 스타일이어서 하체 움직임이 작을 수밖에 없었어. 내가 말한 대로 하체와 상체를 분리해서 스윙을 해야 해. 그래야 하체의 움직임이 커져서 멀리 나갈 수 있다고."

그는 자신의 이론에 대한 설명만 계속했다. 이론적으로는 그의 말이 옳았지만 나는 여전히 불안했다. 뭔가 잘 맞아 들어가지 않는 느낌 때문이었다.

"대회 때도 마찬가지예요. 어딘가 불편한 느낌 때문에 스윙이 되질 않아요."

"그건 새로운 스윙법이 아직 익숙하지 않아서일 거야. 완전히 익숙해지면 분명히 편안해질 거야."

"……."

나는 답답한 심정으로 집으로 돌아왔다. 시간이 지나면 정말 익숙해지는 걸까? 새 구두처럼 발이 익숙해질 때까지 기다려야 하는 걸까? 아니다. 분명 뭔가 잘못되었다. 금세 익숙해지는 구두도 있지만 발톱이 빠질 정도로 끝까지 내 발에 안 맞는 구두도 얼마든지 있을 수 있다. 구두가 예쁘다고 모두 내 발에 어울리는 것은 아니다.

나는 거리에 대한 욕심 때문에 머뭇거리고 있었다. 거리만 늘릴 수 있다면 더 강한 플레이를 할 수 있을 테니까. 하지만 그러는 사이 더 중요한 것을 잊고 있었다. 이제까지 내가 우승을 할 수 있었던 이유는 내 스윙의 거리가 길어서가 아니라 정확해서였다는 것을 말이다.

무엇보다 기록이 나오지 않고 있다는 점이 가장 힘들었다. 스윙 교정까지 하고 비장한 각오로 시작한 2011년 시즌이었지만 나는 단 한 번도 우승을 하지 못했다.

"신지애 선수, 2011년 시즌에서 아직 단 한 번의 우승도 잡지 못하다."

"미즈노클럽 이후 일 년 가까이 우승 가뭄!"

2010년 11월 미즈노클럽에서는 청야니의 맹추격을 따돌리고 당당히 우승했었는데 그로부터 일 년이 지난 지금 세계 골프무대는 청야니가 독주하고 있는 형국으로 변해버렸다. 더 이상 머뭇거리고 있을 일이 아니었다. 결단을 내려야 했다.

'이제 거리에 집착하는 것은 어리석은 짓이다. 지금껏 내가 우승을 한 것은 거리가 아닌 정확도 덕분이었다. 그것은 나만이 가진 강점이었는데 나는 왜 강점을 버려가면서까지 거리에 집착한 걸까?'

그런 생각이 머리를 스쳤다. 나는 자리에서 벌떡 일어났다. 그 어떤 선수도 완벽할 수는 없다. 타이거 우즈도 소렌스탐도 완벽한 선수는 아니었다. 역대 제왕이라 불리는 거물 선수들도 결국 자신의 강점을 잘 살리는 스타일로 골프를 했을 뿐이다.

가을이었다. 아직 2011년 시즌은 남아 있었고, 시즌 도중에 큰 변화를 일으키는 것은 위험한 선택이었다. 하지만 스윙 문제는 더 이상 방치할 수 없을 만큼 시급했다. 비록 이번 시즌을 망치게 된다 해도 이대로 감각을 송두리째 잃어버릴 수는 없었다. 그렇게 된다면 이번 시즌이 문제가 아니라 선수 생명에도 지장이 있을 테니까. 나는 코치를 찾아갔다.

"코치님, 저는 더 이상 스윙 교정을 하지 않기로 했어요. 코치님의 이론은 너무 훌륭하지만 저한테는 맞지 않는 것 같습니다. 저는 제 스타일에 맞는 스윙을 살려나가겠어요."

"아니, 신 프로. 자네의 거리를 늘릴 수 있는 유일한 방법이야. 그걸 모르나?"

"거리 때문에 정확도를 포기할 수는 없어요. 골프는 머리가 아닌 감각으로 하는 거예요. 제 몸이 기억하고 있는 감각을 죽여가면서까지 새로운 스윙을 익힐 필요는 없다고 생각해요."

"……."

코치는 과거에 청야니를 가르치기도 했고 세계적으로 인정받는 우수한 지도자였지만, 그는 나의 강점에 아무런 관심이 없었다. 그와의 훈련은 내가 가진 강점을 살리기는커녕, 오히려 단점 하나를 고치기 위해서 다른 강점조차도 망가뜨리고 있었다. 아무리 좋은 옷도 나에게 맞지 않으면 무용지물이다.

코치와 결별한 후 나는 완전히 혼자가 되었다. 아빠도 한국에 머물고 있었다. 하지만 내겐 외로워할 여유조차 없었다.

'모든 미련을 버리자. 아닌 것은 아닌 것이다. 다시 나만의 스윙을 되찾아야 한다!'

나는
무엇을 위해 꿈꾸는가

나는 단 한 번도 우승하지 못한 채 일찌감치 2011년 시즌을 접기로 했다. 프로 데뷔 이후 처음 있는 일이었다.

"내년에는 LPGA 시즌이 평년보다 일찍 시작하니까 차라리 다음 시즌을 대비해서 일찌감치 동계 훈련에 들어가는 게 좋을 것 같아요."

아빠와 국제전화를 자주 하며 의견을 주고받았다. 아빠 역시 내 생각에 동의했다.

"지애야, 골프선수에게는 스윙이 생명과도 같아. 무리해서 스윙 교정을 하느라 네 자세가 많이 흐트러졌어. 이번 동계 훈련에서는 무엇보다도 잃어버린 스윙 감각을 찾는 게 중요하다."

"저도 그렇게 생각해요. 내 몸에 모든 것을 맡기겠어요. 코치 없이 혼자 훈련할 계획이에요. 물론 트레이너는 함께 하지만요."

동계 훈련을 앞두고 나는 한국에 들어와 며칠간 편안한 시간을 보냈다. 긴장을 풀고 재충전을 하기 위해 크리스마스 전후로 좋아하는 가수의 콘서트에도 다녀왔다. 좋은 음악을 듣고 좋아하는 가수를 보니 마음이 한결 편안해졌다. 하지만 마음 한구석에는 곧 동계 훈련에 들어가야 한다는 부담감이 자리 잡고 있었다.

'이제 곧 내년 시즌을 위한 맹훈련에 들어가야 한다. 나는 도대체 무엇을 위해 이토록 치열하게 살아야 하는 것일까? 나는 무엇을 위해 골프를 하는 것일까?'

문득 그런 생각이 들었다.

음악을 듣고 여가를 즐기면서도 나의 머리에서는 이런 생각이 떠나지 않았다. 남은 시간이 별로 없었다. 아무런 목적도 없이 그저 급물살에 떠밀리듯이 흘러가고 있는 것은 아닐까, 나는 혼란스러웠다.

그런 생각에 골몰하던 어느 새벽, 나는 소스라치도록 놀랐다. 왜 골프를 하는가에 대한 고민을 하는 순간에도 내 머릿속에는 '나 자신'이 없었던 것이다.

무엇을 위해라니……. 나는 지금껏 내가 아닌 무언가를 위해 골프를 해야 하는 존재로 살아왔던 것이다. 나 자신을 버리고 다른 누군가를 위해 골프를 해왔던 것이다. 나는 나 자신을 위해 골프를 한 적이 없었다. 처음에는 아빠가 원하니까, 그리고 나도 싫지는 않았으니까 멋모르고 골프를 시작했다. 다음에는 동생들을 위해, 가족의 생계를 위해, 엄마의 죽음을 헛되이 하지 않기 위해 죽어라고 달렸다. 어느 정도 입지를 다진 이후에는 다시 세계 정상에 서기 위해 샷을 날렸다. 무조건 세계 정상에 서고 싶었다. 앞도 뒤도 보지 않고 그저 죽어라 달리기만 했다. 이제 내 소원대로 가족의 생계도 완전히 해결이 되었고, 세계 정상에도 섰다. 그러고 나자 나는 마치 목표를 잃어버린 사람처럼 공허감에 휩싸여버린 것이다.

어느 날, 텔레비전 방송을 보다가 한비야 씨를 보았다. 한비야 씨가 다른 출연자에게 질문을 던지고 있었다.

"너는 꿈이 뭐야? 나는 내가 커서 무엇이 될지 참 궁금해. 설레는 마음으로 기대해."

그 한마디의 말이 가슴에 와닿아 나는 한참을 멍하니 앉아 있었다. 나는 '무조건적인 성공'만을 위해 달려왔을 뿐 정작 꿈꾸는 법을 알지 못했던 것이다. 가슴 깊은 곳에 구멍이 뚫리는 듯했다.

동계 훈련의 시간은 시시각각 다가왔다. 고민이 있다고 해서 어디론가 도망칠 수 있는 것도 아니었다. 아픔은 아픔대로 가슴에 묻고 훈련에 들어가야 했다. 세계 랭킹 1위였던 나는 이제 겨우 세계 랭킹 7위를 유지하고 있었고, 그마저도 불안한 상황이었다. 답답했다. 머릿속은 복잡했지만 어떻게든 버텨야 한다고 자신을 다독였다. 내년 골프 시즌을 위한 동계 훈련이 다가오자 언론사들의 인터뷰 요청도 쇄도했다.

"정확한 샷이 신 프로의 트레이드마크다. 이번 시즌에는 왜 그 강점을 살리지 못했는가?"

이런 질문이 항상 빠지지 않았다.

"비거리를 늘리기 위해 무리한 스윙 교정을 한 게 뼈아픈 부메랑이 되어 돌아왔다. 예전에는 내 감각대로 단순하게 쳤다. 그런데 스윙 교정 후에는 생각이 많아졌다. 단기간에 바꾸려 무리를 했던 게 실수였다. 이제는 스윙 교정을 그만두고 동계 훈련에서 예전의 스윙 감각을 되살리는 데 초점을 맞출 계획이다."

"일 년간 우승이 없었는데?"

"내년에 더 많이 우승하기 위해 아껴두었다고 긍정적으로 생각하려 한다. 동계 훈련에 들어가면 몸은 힘들겠지만 오히려 마음은 편할 것 같다. 미국 무대에 데뷔하자마자 단기간에 너무 많은 것을 이뤄 잠시 목표를 잃기도 했지만, 초심으로 돌아가서 다시 시작할 것이다."

"골프는 언제까지 할 계획인가?"

"나는 딱 십 년만 하려고 한다. 평생 자기 나이에 맞는 골프를 하면서 멋있게 나이 들어가는 선배들도 있지만 나는 골프 외에도 하고 싶은 일이 많다. 골프만 하면서 살고 싶지는 않다."

인터뷰를 마치고 이제 모든 준비가 끝났다. 나는 어떻게든 힘든 시간을 견뎌내겠다고 마음을 다잡았다. 딱 십 년만 골프를 하면 되니까, 그때까지 참고 버티면 된다고 다독였다. 그리고 2011년 12월 28일, 나는 지옥훈련을 위해 미국 팜스프링스로 떠났다.

나는 다른 선수들보다 먼저 2012년 시즌 대비 동계 훈련에 들어
갔다. 잃어버린 감각을 되찾는 것, 그것이 이번 훈련의 가장 큰 과제
였다.

새벽 다섯 시부터 밤 열 시까지, 때로는 더 늦은 시간까지 훈련이
계속되었다. 충분한 휴식도 필요하기에 잠자는 시간을 줄일 수는 없
었다. 밥 먹고 화장실 가는 시간만 빼놓고는 계속 훈련에 매진했다.
코치도 없이 혼자 하는 훈련이었기에 트레이너와 체력 훈련을 할 때
를 제외하고는 한순간도 골프 클럽을 손에서 놓지 않았다.

'잡념들은 모두 지워버리고 오직 골프에만 집중하겠다.'

골프 클럽을 손에 쥘 때마다 나는 눈을 감고 스윙하는 내 모습을
상상해보았다. 처음에는 자꾸 새로운 스윙 자세가 떠올랐다. 코치가
수도 없이 강조했던 것처럼 상체와 하체를 분리하고 배에는 힘을 뺀
그 자세, 하지만 나에게는 마지막까지 불편했던 바로 그 자세. 그럴
때면 나는 고개를 흔들었다.

'이게 아니야. 이건 내 스타일이 아니야.'

다시 정신을 집중하고 그동안 내가 해냈던 모든 나이스 샷들을 기

억해보았다. 나는 이상하게도 어린 시절부터 지금까지의 내 모든 샷들을 기억하고 있다. 특히 스윙 자세가 좋았던 샷을 기억해보는 게 도움이 되었다.

'그래. 그때의 스윙 자세가 진짜 내 스타일이었던 거야. 그때처럼 다시 해보는 거야.'

기억이 수면 위로 선명하게 떠오르면 나는 그대로 눈을 감은 채 스윙을 해보곤 했다. 바람의 흐름을 느끼면서, 내 숨소리를 들으면서, 아무것도 보이지 않는 캄캄한 어둠 속에서 오히려 스윙에 집중할 수 있었다. 그렇게 몇 번 반복하다보면 조금씩 감이 오는 것 같았다. 그 순간 나는 눈을 뜨고 골프 클럽을 힘껏 휘둘렀다.

'내가 어디로 가고 있는지, 무엇을 위해 골프를 하고 있는지 알지 못한다 해도 나는 한다. 일단 하고 본다! 그게 내가 최선을 다하는 방식이야.'

2012년 초, 동계 훈련을 시작한 지 두 달이 다 되어갈 무렵 나는 조금씩 예전의 스윙 감각을 되찾아가고 있었다. 탄력이 붙기 시작한 터라 이제 더 이상 머릿속으로 스윙을 상상할 필요가 없었다. 수년에 걸쳐 오래도록 저장되어 있던 옛 기억들이 지난 일 년간 새로 저장된 기억들을 말끔하게 씻어버리고, 드디어 몸이 반응을 보이기 시작했다.

나는 연거푸 클럽을 휘둘렀다.

"됐어. 이거야, 이거!"

내 몸의 근육들은 예전의 감각을 완전히 기억해냈다.

"다시 해봐. 다시 해봐."

나는 허공에 대고 중얼거렸다. 스윙 감각과 함께 자신감도 살아나고 있었다.

나는 이제 세계 랭킹 1위가 아니었다. 쫓기는 자가 아니라 다시 쫓는 자가 되었다. 그래도 괜찮았다. 쫓는 자가 쫓기는 자보다 오히려 더 여유로우니까. 2012년 시즌 개막이 다가오자 언론이 움직이기 시작했다.

"동계 훈련을 끝낸 신지애 선수, 올해는 세계 정상을 탈환할 수 있을 것인가?"

"신지애 선수, 다시 부활할 수 있을까?"

그들은 내가 다시 우승을 거머쥘 수 있을 것인지에만 관심을 가지고 있었다. 하지만 내게는 아프고 힘든 순간, 실패의 순간들도 똑같이 소중했다. 가장 견디기 힘들었던 엄마의 죽음마저도 나를 한층 더 성장시키는 기회가 되었으니까. 내 인생에 특별한 반전은 필요하지 않다. 다만 묵묵히 나의 길을 걸어갈 뿐이다.

"2011년에 한번이라도 우승을 했더라면……."

"스윙 교정에 도전하지 않았더라면……."

"지난해 라식 수술을 하지 않았더라면……."

인생에는 수많은 '가지 않은 길'들이 존재한다. 하지만 난 내 지난 선택을 후회하지 않는다. 모든 선택은 조금 더 잘해보기 위한 도전이 었고, 당시로서는 최선의 선택이었다. 지난 실패는 잊어버리고 매 순간 최선을 다하면 되는 것이다.

드디어 2012년 시즌 개막이 코앞으로 다가왔다. 나는 동계 훈련을 마무리하고 오픈 대회에 참가하기 위해 비행기에 올랐다. 조금은 긴장되고 조금은 설레기도 했다. 좌석에 앉아 가만히 창밖을 바라보았다. 이륙 준비를 마친 비행기가 천천히 움직이다가 어느 순간 하늘로 떠올랐다. 나는 몸이 날아오르는 그 느낌을 온전히 즐기며 마음속으로 이렇게 외쳤다.

'이 비행기처럼 나는 다시 날아오를 것이다. 감각은 살아났고, 자신감도 있다. 무조건 우승을 잡아보겠다고 덤벼들던 지난해의 모습은 잊어버리자. 차분하게 당당하게, 즐거운 마음으로 하나씩 하나씩 해나가자.'

골프가 있어서 외롭지 않았어

'너는 왜 골프를 하니?'

가슴속 어딘가에서 이 소리가 들려올 때마다 내게는 그런 고민조
차 사치라고 생각했다. 일 분 일 초를 다투는 바쁜 일상, 한끝 차이로
승패가 갈리는 치열한 승부의 세계, 그 속에서 살아남기 위해서는 나
를 돌아볼 새도 없이 앞을 향해서만 달려야 한다고 생각했다. 딱 십
년만 그렇게 살자고, 십 년만 버티면 된다고 늘 스스로를 위로하곤
했다. 그런데 비행기에서의 짧은 만남이 나의 생각을 바꾸어 놓았다.

"신 프로는 왜 골프를 하나?"

일본행 비행기 안에서 우연히 만난 야구해설가가 이렇게 물었을
때 나는 잠시 멍해졌다. 동계 훈련 내내 머릿속을 떠나지 않았던 그

질문이었다. 골프만 생각하고 골프만을 위해서 살아왔는데 골프를 왜 하느냐는 질문에 답조차 할 수 없다니, 당황스러웠다.

어쩌면 나는 성공하기 위해서, 출세하기 위해서 골프를 해왔는지도 모른다. 세계 정상이라는 목표를 향해 달리고, 우승을 하겠다고 집착하는 사이 정작 골프에 대한 애정을 잊어가고 있었던 것이다. 그것은 자신감보다도 더 중요한 문제였다.

한 시간 남짓 대화를 나누며 나는 내내 가슴이 먹먹했다. 마치 잊고 있었던 소중한 사람과 다시 마주한 그런 느낌이었다.

나는 고개를 끄덕였다. 골프는 단 한순간도 내 곁을 떠난 적이 없었다. 나 역시 골프만을 생각하며 열심히 살아왔다고 생각했지만 사실은 골프에 대한 애정을 잊고 있었던 것이다. 어느 순간부터인가 나는 즐거워서가 아니라 그저 이기기 위해서 골프에 매달려 있었던 것이다. 그래서 십 년만 버티다가 떠나겠다는 다짐을 가슴속에 품고 있었던 것이다.

나는 이제 그 질문에 대답할 준비가 되었다. 내가 아는 단 한 가지는 내가 여전히 골프를 사랑하고 있다는 것이다.

'골프 때문에 내 인생이 피곤하다고 생각했어. 평범한 삶을 포기한 채 늘 커다란 짐을 지고 살아야 한다고 착각했어. 그런데 그게 아니었던 거야. 나는 골프 덕분에 이만큼 성장할 수 있었고 골프가 있어

서 외롭지 않았던 거야!'

이제 골프를 십 년만 하겠다는 생각은 더 이상 하지 않는다. 다시 태어난다 해도 나는 골프선수가 되고 싶다. '꿈'이란 계속해서 사랑하고 열망하는 것이고, 내 꿈은 어제도 오늘도 그리고 내일도 골프 그 자체다!

LPGA 시즌이 숨 막히게 흘러가고 있다. 요즘도 대회가 끝나갈 때마다 한국에 있는 아빠와 전화통화를 하곤 하는데, 늘 "지금이 중요한 때"라고 입버릇처럼 말하던 아빠가 지금은 이렇게 말한다.

"지애야, 한 번 크게 이기는 선수보다 꾸준히 건재한 선수가 진짜 강한 선수다. 그것을 잊지 마라."

나는 이제 내가 무엇을 위해 골프를 하는지 알고 있다. 그 이유는 단 하나, 내가 골프를 사랑하기 때문이다. 나는 다른 누군가를 위해 골프를 하는 게 아니라 바로 나 자신을 위해서 골프를 한다.

경기 운영 전략도 조금 바뀌었다. 무조건 우승에 집착하기보다는 내 페이스대로, 소신대로 간다. 가끔 캐디가 우승 욕심을 내느라 나에게 공격적인 플레이를 요구할 때가 있다.

"이번에 잡아야 해! 버디를 잡아야 이길 수 있어."

그럴 때면 나는 캐디의 손가락 끝을 바라보았다. 볼과 홀컵 사이.

너무 멀다. 여기서 무리를 한다면 오히려 더 멀리 돌아가게 될지도 모른다. 욕심이 앞서 무리하다가 페이스를 잃어버리면 오히려 경기 흐름이 무너지고 만다. 나는 고개를 저었다. 우승 욕심은 나지만 냉정하게 판단해볼 때 이번에 잡는 것은 무리였다.

"아니에요, 이번에는 못 잡아요. 두 번으로 끊어서 쳐야겠어요."

"왜? 그러면 또 우승을 놓치게 되잖아."

"괜찮아요. 우승에 눈이 멀어 무리하게 공격적인 플레이를 펼치기보다는 나의 방식대로 플레이를 해나갈 거예요."

"하지만……."

"나는 생명이 긴 선수로 남고 싶어요. 눈앞의 욕심 때문에 지나치게 공격적인 플레이를 권하지는 말아주세요."

나는 서두르지 말자고 다시 한 번 다짐했다. 억지로 우승을 만들어 내려고 하기보다는 꾸준히 하는 게 더 중요하니까. 그렇게 내 길을 간다면 언젠가 더 큰 기회가 찾아오리라 믿는다.

호주, 태국, 싱가포르에서 3개 대회를 마친 후 오랜만에 한국으로 돌아왔다. 수없이 드나드는 공항인데 입국 수속을 밟은 후 유리문이 열리자 모든 것이 달라 보였다. 다시 한국 땅을 밟는 순간 마치 처음 세상에 태어난 아기처럼 모든 게 새롭고 의미 있어 보였다.

골프를 '열심히 해야 한다'고 생각하던 나와 골프를 '하고 싶다'고 생각하는 나 사이에 이렇게 큰 간극이 있었던 것일까? '하고 싶다'는 마음으로 가득 차 있는 내 발걸음은 점점 더 가벼워졌다. 나는 진심으로 행복을 느꼈다.

오늘도 나는 필드에 섰다.

티샷을 하는 순간.

언제나처럼 설레고 긴장된 그 순간, 나는 내 마음에게 물었다.

'두렵니?'

'괜찮아. 난 떨리고 긴장된 이 순간이 좋아. 내가 살아 있다는 것을 느끼게 하거든.'

'우승할 수 있을까?'

'할 수도 있고 못 할 수도 있겠지. 하지만 우승보다 더 중요한 것은 나만의 플레이를 펼치는 거야. 아름다운 플레이를 말이야!'

필드에서 나는 더 이상 혼자가 아니다. 내가 좋아하는 볼과 클럽과 함께 있다. 오늘의 경기가 내 뜻대로 흘러가지 않을 수도 있다. 어쩌면 제 기량을 제대로 펼치지 못해 엉망진창이 되어버릴 수도 있다. 인생이 내 뜻대로만 되지 않는 것처럼 골프도 마찬가지다.

하지만 그래도 좋다.

'이제 준비가 됐어. 자, 가보자! 골프와 함께라면 난 어디든지 날아

갈 수 있어!'

클럽의 헤드가 볼에 맞는 순간.

온몸에 전율이 흐른다. 이 순간을 사랑하기에 나는 지금까지 힘든 시간들을 보내면서도 필드를 떠나지 않고 여기에 이렇게 서 있는 것 이리라.

'나는 골프를 위해 태어났고, 다시 태어나도 골프선수가 될 거야. 내게 주어진 이 꿈을 맘껏 즐겨야지. 이제 나는 행복하기 위해서 골 프를 하는 거야!'

알고 나면 더 매력적인
골프의 모든 것

1. 골프의 기본 규칙

2. 골프용어 해설

3. 주요대회

1. 골프의 기본 규칙

골프는 정지된 볼을 골프 클럽으로 쳐서 홀에 넣는 경기로, 홀에 들어가기까지 볼을 친 횟수(타수)가 적은 사람이 이기게 된다. 보통 18홀의 경기가 1라운드가 된다.

골프는 상대 선수와 몸을 부딪쳐야 하는 보통의 종목들과는 달리, 철저히 혼자서 진행하는 스포츠다. 즉, 골프는 오로지 자기 자신과의 싸움인 것이다.

그러나 경기가 수일에 걸쳐 진행되고, 경기 도중 상대방의 플레이를 보면서 심리적인 영향을 많이 받기 때문에, 체력 관리는 물론 정서적인 안정 또한 반드시 필요하다. 그래서 골프에서는 무엇보다 멘탈, 정신력이 중요하다.

세계적인 선수들은 대부분 멘탈 관리를 위해 심리학이나 정신의학 분야의 전문가들을 고용한다. 신지애 선수는 따로 전문가를 두고 있지 않지만, 경기에서 지고 있을 때조차 미소를 잃지 않을 만큼 멘탈이 강한 선수로 정평이 나 있다.

골프경기장은 18홀로 구성되어 있는데, 홀의 길이와 난이도에 따라 기준 타수(par)가 다르다. 4번을 기준으로 하는 홀은 파4홀, 3번을 기준으로 하는 홀은 파3홀이 되는데, 기준 타수 내에 홀컵에 볼을 넣을 수 있을 정도로 쉬운 홀이 있는가 하면, 볼을 집어넣기가 어려운 난코스도 있다. 기준 타수보다 적은 타수로 경기를 이끄는 사람이 유리하다.

골프 코스는 크게 4부분, 즉 티잉그라운드(teeing ground), 스루더그린(through ground), 해저드그린(hazard), 그린(green)으로 나뉜다. 처음 티샷(경기의 제1타)을 하는 곳이 티잉그라운드이다. 선수들은 티잉그라운드에서 시작해 홀컵이 있는 그린 방향으로 볼을 치며 경기를 진행한다.

신지애 선수는 티잉그라운드에서 처음 티샷을 하는 순간이 가장 떨리고 설레는 순간이라고 말한다.

2. 골프용어 해설

클럽 club

골프채를 가리킨다. 골프채는 보통 머리(헤드), 대(샤프트), 손잡이

(그립)의 세 부분으로 이루어져 있다. 또한 클럽은 그 모양과 기능에 따라 크게 드라이버, 아이언, 우드, 퍼터로 구분되며, 그 안에서도 세부적인 차이에 따라 여러 가지 종류로 나뉜다. 경기를 할 때 선수들은 보통 14개의 클럽을 넣고 다니며 매 순간에 적합한 클럽을 선택하게 된다. 상황에 적합한 클럽을 가려내는 것 역시 선수의 역량이다.

파 par

홀마다 정해진 기준 타수로 볼을 홀컵에 집어넣는 것.

버디 birdie

기준 타수보다 한 타 적은 횟수로 볼을 홀컵에 집어넣는 것.

버디를 잡은 선수는 기준 타수보다 한 타를 줄이고도 홀컵에 볼을 넣게 되니, 자연히 경기에서 유리한 위치를 얻게 된다.

이글 eagle

기준 타수보다 두 타 적은 횟수로 볼을 홀컵에 집어넣는 것.

상대 선수보다 뒤지고 있을 때 버디나 이글을 잡게 되면 한꺼번에 타수를 줄일 수 있으므로 역전이 가능하다. 신지애 선수 역시 연속 버디나 이글을 잡아 역전에 성공한 적이 많아 파이널 퀸이라는 별명을 갖게 되었다.

보기 bogey

기준 타수보다 한 타수 많은 횟수로 볼을 홀컵에 집어넣는 것.

경기 중에 집중이 흐트러져서 보기를 범하면 타수가 늘어나므로 불리해진다.

캐디 caddie

골프 선수는 자신의 장비를 직접 들고 다니지 않고 캐디를 둔다. 캐디는 선수와 라운딩 전체를 함께하는 경기의 동반자이자 조력자이다. 그러므로 선수의 장점과 단점, 컨디션 등을 누구보다 잘 알고 있는 존재이기도 하다.

신지애는 2012년 가을에 프랑스인 캐디 플로리앙 로드리게스를 영입했다. 신지애와 로드리게스는 곧바로 킹스밀 챔피언십, 브리티시오픈 대회에서 2전 2승이라는 대기록을 세움으로써 찰떡궁합이라는 평을 듣고 있다. 부상에서 회복한 이후 서서히 샷감을 끌어올리는 신지애에게 한 살 어린 로드리게스는 동지이자 편안한 친구 같은 존재다.

PGA와 LPGA

PGA(Professional Golfers' Association)는 미국의 남자프로골 프협회를 말하며 여자프로골프협회는 PGA와 구분해 LPGA(Ladies Professional Golf Association)라고 한다. 미국뿐 아니라 세계 각 국의 기업들이 PGA투어, LPGA투어의 스폰서로 나서, 한 해 동안 치 러지는 투어 공식대회만도 수십 개가 넘는다. 보통은 국가명칭의 약 자를 앞에 붙여 KLPGA(한국), JLPGA(일본) 등으로 부르지만, 미국 의 경우는 국가명칭을 생략하고 LPGA라고 한다.

메이저대회

수많은 골프대회 가운데서도 전통과 권위를 자랑하는 대회가 바로 메이저대회이다.

PGA 메이저대회로는 브리티시오픈, 마스터스, US오픈, PGA챔피 언십이 있으며, LPGA에는 크래프트-나비스코 챔피언십, 웨그먼스 LPGA 챔피언십, US여자오픈, 브리티시여자오픈이 있다.

○ 크래프트-나비스코 챔피언십

1972년 창설돼 83년 메이저대회로 격상되었고, 매년 여자 4대 메이저대회 중 가장 빠른 3월에 열린다. 이 대회는 마지막 날 18번 홀을 끝낸 후 우승자가 그린 옆의 호수에 몸을 던지는 세리머니로도 유명하다. 덕분에 이 호수는 '호수의 숙녀들'이란 별칭을 가지고 있다.

○ 웨그먼스 LPGA 챔피언십

1955년 창설되어 매년 6월에 개최되는 여자골프 메이저대회이다. 총상금 130만 달러 정도이고, 우승 상금은 약 20만 달러에 달한다. 박세리가 1998년과 2002년, 2006년에 3차례나 우승을 차지한 대회로 국내 팬들에게도 잘 알려져 있다. 박세리가 우승할 당시에는 맥도날드가 타이틀 스폰서로 나서 '맥도날드 챔피언십'으로 불렸지만, 2010년부터는 종합 유통회사인 웨그먼스가 후원하며 대회명이 바뀌었다.

○ US여자오픈

1946년 창설된, 4대 메이저대회 중 가장 전통 있고 권위 있는 대회로서 상금액도 다른 대회의 3배가 넘는다. 1998년 박세리 선수가 20홀까지 가는 연장 접전 끝에 우승을 해서 국민들에게 기쁨과 감동을 선사했던 것이 바로 이 대회에서였다.

2000년 이후 새롭게 메이저대회에 포함되었다. 신지애 선수는 2012년 투어 시즌 마지막에 개최된 브리티시여자오픈에서 우승을 차지했다. 그녀는 이 대회를 통해 오랜 부진을 완전히 털어내고 전성기 때의 스윙 감각을 완벽하게 보여줌으로써 '지존의 귀환'을 알렸다. 2008년 비회원 자격으로 출전하여 우승을 차지한 지 4년 만이었다.

그랜드슬램

일 년에 4개 메이저대회를 모두 석권하면 그랜드슬램을 달성했다고 한다. 그러나 일 년에 전승을 달성하기란 사실상 불가능하므로, 4대 대회를 모두 한 번씩 우승하면 보통 그랜드슬램을 달성했다고 말하기도 한다. 타이거 우즈는 2000년과 2001년에 걸쳐 4개 메이저대회에서 연속 우승을 차지한 바 있다. 그래서 연속해서 우승을 하는 경우 '타이거 슬램'이라고 부르기도 한다.

2012년 투어 시즌 마지막 메이저대회인 브리티시여자오픈에서 신지애가 우승함에 따라 2012년 LPGA투어의 4대 메이저대회를 아시아 선수들이 모두 차지했는데, 이는 투어가 시작된 이후 처음 있는 일이다. 일명 '아시안 슬램'이다. 특히 신지애(브리티시오픈 우승), 최나연(US여자오픈 우승), 유선영(크래프트-나비스코 챔피언십 우승) 등 한국 선수들의 활약이 두드러져 주목을 받았다. 웨그먼스 LPGA 챔피언십 우승은 중국 선수 평산샨에게 돌아가, 중국 최초의 LPGA 투어 우승으로 기록되었다.

절망을 딛고 세계 정상에 오른 작은 거인 신지애 이야기

16살, 절실한 꿈이 나를 움직인다

초판 1쇄 발행 2012년 10월 22일
초판 2쇄 발행 2013년 6월 5일

지은이 신지애, 박은몽
펴낸이 김선식

3rd Creative Story Dept. 김서윤, 이여홍, 박고운
Creative Design Dept. 박효영, 조혜상, 이나정
Creative Marketing Dept. 최창규, 이주화, 이상혁, 박현미, 백미숙
      Public Relation Team 서선행
      Contents Rights Team 김미영
Creative Management Dept. 김성자, 송현주, 권송이, 윤이경, 김민아, 한선미

펴낸곳 (주)다산북스
주소 경기도 파주시 회동길 37-14 3층
전화 02-702-1724(기획편집) 02-6217-1726(마케팅) 02-704-1724(경영관리)
팩스 02-703-2219
이메일 dasanbooks@hanmail.net
홈페이지 www.dasanbooks.com
출판등록 2005년 12월 23일 제313-2005-00277호

종이 (주)월드페이퍼
인쇄 · 제본 (주)현문

ISBN 978-89-6370-039-7 (43040)